부유한 자녀로 양육하라

부유한 자녀로 양육하라

지은이 : 래리 버켓 · 릭 오스본
옮긴이 : 손상희 · 김경자
초판1쇄 펴낸날 : 2001년 5월 30일
초판2쇄 펴낸날 : 2004년 3월 31일
펴낸이 : 정근모
만든이 : 조정규
표지디자인 : mud3033
등록번호 : 제22-1904호
펴낸곳 : 도서출판 CUP
(136-825) 서울특별시 성북구 성북1동 179-56
T.(02)745-7231 F.(02)745-7239 | www.dew21.org | cup21th@kornet.net
총판 : 예영커뮤니케이션 T.(02)766-7912

Copyright ⓒ1991 by Moody Press
Originally published in English under the title *Financial Parenting*
by Larry Burkett & Rick Osborne
All rights reserved.

Korean Translation Copyright ⓒ2001 by CUP, Seoul, Korea.

본 저작물의 한국어판 판권은 KCBS Inc.를 통해 Moody Press와 독점 계약한 '도서출판 CUP' 가 소유합니다. 저작권법에 의하여 한국 내에서 보호를 받는 저작물이므로 무단 전재와 무단 복제를 금합니다.

값 9,000원

부유한 자녀로 양육하라

래리 버켓 · 릭 오스본 지음
손상희 · 김경자 옮김

감사의 글

책을 쓸 때 가장 많이 듣는 단어들 중의 하나는 '데드라인'(deadline) 이라는 말이다. 웹스터 사전에 따르면 '데드라인' 이라는 단어에는 두 가지 뜻이 있다. 하나는 출판사 용어로, 어떤 일을 마쳐야 할 마감날짜라는 뜻이고 다른 하나는 총살형을 당할 사형수가 사형대로 가기 위해 넘어서야 할 사선을 뜻한다.

이 책을 쓸 때도 예외가 아니었다. 원고를 타이핑하고 편집하느라 많은 시간을 쓴, 아주 헌신적이고 재주 많은 두 사람이 도와주지 않았다면 우리(래리와 릭)는 데드라인 넘어 어딘가에 서 있었을 것이다.

아델린 그리피스와 크리스티 보울러의 노고와 협조에 깊은 감사를 드린다. 오랜 시간 자주 집을 비운 동안 잘 참아주고 격려해 준 가족에게도 감사드린다. 모두 사랑해요.

마지막으로 아이들에 대한 사실적인 자료를 만드는 데 수고해 준(래리의) 아들 알렌에게도 감사드린다.

역자서문

지난 삶을 돌이켜 보면 일용할 양식을 하나님께 구하고 그것에 신실하게 응답해 주시는 하나님을 체험하고 만날 때보다 하나님을 더 가까이 느끼고 그분의 따스함, 유머러스함, 아름다운 성품을 깊이 경험해본 적이 없는 것 같다. 우리의 필요를 아시고 한없는 사랑으로 돌보시는 하나님! 그러나 안정된 경제생활을 하게 되면서부터 어느새 하나님으로부터 경제적 독립을 선언하며 어리석은 부자의 대열을 추구하는 인간의 나약함을 발견하고 하나님께 엎드리곤 한다.

하나님께서는 물질에 대해서 매우 단호하시다. "한 사람이 두 주인을 섬기지 못할 것이니 … 하나님과 재물을 겸하여 섬기지 못하느니라"(마 6:24). "삼가 모든 탐심을 물리치라 사람의 생명이 그 소유의 넉넉한 데 있지 아니하니라"(눅 12:15). "너희는 무엇을 먹을까 무엇을 마실까 하여 구하지 말며 근심하지도 말라 … 너희 아버지께서 이런 것이 너희에게 있어야 될 줄을 아시느니라"(눅 12:29~30). 하나님께서는 우리가 우리 자녀들에게 그러한 것 이상으로 우리의 필요에 민감하시고, 넘치도록 채워 주시며, 깊은 사랑으로 돌보신다. 그러나 어리석은 부자에 대하여 "자기를 위하여 재물을 쌓아 두고 하나님께 대하여 부요치 못한 자"(눅 12:21)

라고 예수님께서 말씀하실 때, 예수님은 분명 물질로 누리는 부요함 이상의 것을 암시하고 계셨다.

진정한 부유함이란 무엇일까? 우리는 우리뿐 아니라 우리 자녀들이 진정한 부유함을 누리기를 원한다. 물질과 탐욕의 노예가 아니라 물질에 대하여 자유한 자로, 하나님의 뜻대로 물질을 다스리는 자로 자녀를 기르기를 원한다. 돈을 포함하여 세상만물의 주권자 되신 하나님을 알고 그의 은혜를 누리는 자녀가 되기를 원한다.

이 책은 재무교육 전문가인 래리 버켓과 부모교육 전문가인 릭 오스본이 하나님께서 말씀하신 돈에 대한 원리들을 자녀를 위해 가르칠 수 있도록 정리해 놓은 재무교육 지침서로, 진정한 부유함에 이르는 구체적인 방법들을 제시하고 있다. 세상에는 돈을 벌기 위한 투자나 창업요령을 가르치는 책은 많다. 그러나 돈의 의미나 돈에 대한 태도, 금전관리의 올바른 방향, 즉 하나님의 원리를 체계적으로 가르쳐주는 책은 전무하다고 해도 과언이 아니다. 이런 현실에서 하나님의 세밀하신 가르치심을 발견하고 정리해 놓은 이들의 책을 만나게 된 것은 큰 기쁨이며, 우리 말로 옮길 수 있는 기회를 주신 하나님께 감사드린다.

이 책의 각 장은 돈 교육의 필요성과 돈과 관련된 아이들의 문제 외에 자녀들의 용돈관리, 청지기 정신, 십일조와 헌금, 자선과 나눔, 정직과 근면, 장기 재무계획, 저축과 투자, 부채와 신용 등과 같은 구체적인 주제들을 다룬다. 각 주제에 관하여 저자는 가훈, 성경이야기, 신앙이야기 등을 이용하여 쉽고 재미있게 가르칠 수 있는 방법을 설명하고 있다. 따라서 이 책은 자녀에게 돈문제에 대해 가르치고 싶거나 자녀와 돈문제로 갈등을 겪고 있는 부모들, 특히 크리스천 부모들에게 많은 도움이 될 것이다.

이 책을 통해 우리 부모들이 구체적인 삶에서 하나님을 만나고 순종하는 삶을 살 수 있기를, 또한 우리 자녀들이 돈과 관련된 실제적인 문제들을 통해 하나님을 의지하는 법을 배우고 생활의 모든 영역에까지 적용할 줄 아는 하나님의 충성된 청지기이자 강한 군사로, 진정한 부유함을 누리는 자로 훈련받게 되기를 소망하며 기대한다.

차 례

감사의 글
역자서문
차례
서문

1부 재무관리의 기초쌓기

1장 우리는 어떻게 여기에 와 있는가? | 19
2장 벼락부자 환상의 시작 | 45

2부 자녀교육에 대한 부모의 의무

3장 진짜 책임져야 할 사람 | 65

3부 재무교육의 근본 원리들

4장 돈으로 할 수 있는 것들 | 83
5장 성서적인 재무원리와 부모의 책임 | 89
6장 예산생활의 가치 | 107

4부 자녀교육에 접근하기

7장 자녀에게 이 모든 것을 어떻게 이해시킬까? | 131

5부 교육을 위한 실제적 지침, 제안, 도구 및 활동

8장 재무교육의 기초원리 | 145
9장 성품 다듬기: 만족, 정직, 그리고 부지런함 | 177
10장 재무관리의 실제: 장기재무계획과 예산 | 191
11장 실생활에서의 금융거래 | 213

6부 마무리

12장 하나님의 군사로 부르심 | 245

서 문

　이 책은 오랜 산고 끝에 나온 책이다. 사실 자녀들에게 금전관리 문제를 가르칠 필요성이 생긴 것은 1950년대 후반 경부터이다. 그러나 내가 성경원리에 따라 돈 문제를 가르치기 시작했던 1973년에는 이런 주제와 관련된 책이 전혀 없었다. 그래서 나는 성경을 다시 공부했고, 또 사람들이 돈 문제를 적절히 관리하고 하나님의 좋은 청지기가 되도록 도와 줄 교재를 만들려고 노력해 왔다. 돈 문제에 대한 훈련은 아주 어릴 때부터 필요하다고 생각했기 때문이다.
　내 어린 시절을 돌이켜 보면, 12살 때 스스로 먹을 것을 위해 일을 해야 했고 어른들처럼 미래에 대해 많은 것을 생각했었다. 그 1950년대는 12살 짜리 아이가 그런 생각을 하고 일을 하는 것이 당연한 시기였다. 부모님은 "네가 벌어서 원하는 것을 살 수 있는 능력을 갖게 된다면, 너는 원하는 모든 것을 가질 수 있다"라고 말씀하시곤 했는데 그 말씀이 내게 큰 용기를 주었다.
　몇 해가 흐른 후 나는 자녀들을 가르칠 때 도움이 될 만한 부모교육 교재들을 개발했다. 그러나 그것들은 근본적으로 부모를 위해 쓰여진 것이지 아이들을 위해 쓰여진 책은 아니었다. 릭 오스본과는 2년 전에 만났는

데 나는 그 때 어린이들에게 하나님의 원리를 가르치는 그의 능력에 깊은 인상을 받았다. 그는 돈을 다루는 원리뿐만 아니라 빈민 구제와 기도, 순종, 믿음 등 다른 모든 것의 원리에 대해서도 가르치고 있었다.

릭과의 우정의 결과로 우리는 그리스도인 부모들의 자녀 금전교육을 도와줄 책을 쓰기로 결정하고 내용을 계획하게 되었다. 어린이나 성인 재무교육에 대한 자료는 대부분 릭이 수집했고 나는 그것들을 글로 썼다. 릭은 부모들에게 하나님의 원리대로 돈을 다루는 방법을 가르치기 위해 수집한 자료들을 적절한 형태로 수정하였다.

오래 전에 내가 인간관계에 대해 배운 것 중 하나는 내가 누군가에게 무엇을 말할 때마다 항상 다른 사람이 내 등뒤에서 그것에 대해 다시 이러쿵저러쿵 이야기하게 된다는 것이다. 그러나 하나님의 말씀에 대해 이야기하면 아무도 등뒤에서 그 말에 대해 왈가왈부하지 않는다.

그 단순한 철학 때문에 나는 성공적인 선교결과를 보기 시작했다. 사람들이 돈 문제를 정리하고 금전적 구속에서 풀려나는 것을, 그래서 그들이 하나님을 섬기는 데 있어 영적으로 자유로운 상태가 되는 것을 목격하게 되었다. 나는 아이들에게도 같은 원리가 적용될 것이라고 믿고 있다.

부모 스스로가 성경원리를 따르지 않는다면, 자녀들에게 어떻게 살아야 하는지를 가르치기가 어려울 것이다. 그래서 나는 부모님들께 얘기하곤 한다. 자신의 돈 문제를 정리하려면 자신이 어디로 가고 있는지, 그리고 어떻게 거기에 도달할 것인지 먼저 알고 있어야 한다는 것, 또한 자신이 좋은 청지기가 될 수 있다는 확신을 가질 수 있어야 한다는 것을 말이다. 그 다음에 자녀들을 가르쳐야 한다.

어쨌거나 다음 두 가지 원칙을 명심해야 한다. 첫째, 실제로 우리는 아이들을 가르치는 게 아니라 미래의 성인을 가르친다는 느낌으로 일해야 한다. 미래에 우리가 만든 사회 안에서 그들이 잘 생존하기 위해 알아야 할 것들을 가르쳐야 한다. 둘째, 자녀들에게 말로만 가르친다면 어떤 말을 하더라도 그것은 별 효과가 없을 것이다. 사람들은 여러분 뒤에서 이러쿵저러쿵 다른 말을 하게 될 것이다. 그것은 신용카드 사용이나 돈을 다루는 방식, 그리고 생활의 모든 다른 부분에 대해서도 마찬가지다.

그러나 자녀들에게 성경의 원리에 따라 돈을 다루는 방법을 아이들이 이해할 수 있는 방식으로 가르친다면 그것은 자녀들의 삶에 대한 하나님의 큰 축복이 될 것이다. 물론 가장 중요한 것은 자녀들이 예수님을 구세주로 영접하고 그들의 주인으로 받아들이는 것이다. 그러면 결국 장기적으로 여러분이 자녀들에게 가르친 원리가 일상적인 생활원리로 자리잡을 것이다.

하나님께서는 우리가 좌절하거나 가난 속에 사는 것을 원하지 않으신다. 실제로는 그와 반대다. 하나님께서는 우리를 살리는 원리를 세우셨다. 피조물이 어떻게 일하고 축복받는지를 알고 계시기 때문이다. 일을 엉망으로 만든 것은 인간의 원리다. 자녀들이 경건함을 가장 중요한 재물로 여기고 하나님의 방식대로 일을 하게 함으로써 우리는 아이들의 미래를 더 안전하게 만들어 줄 수 있다. 그것은 수많은 재물을 갖는 것보다 영적으로나 경제적으로 훨씬 더 가치로운 일이다.

아무한테도 배우지 않고 그들이 스스로 학습한 것에 대해 우리가 그랬던 것처럼 우리가 아이들에게 가르친 것에 대해서도 지나친 관심을 가질 필요는 없다. 아이들은 아주 현명해서 주어지는 정보를 잘 알아듣고 이해한다. 우리가 교육받고 있음을 깨닫지 못할 때, 그리고 우리의 암호해독 메커니즘이 꺼져 있을 때 어떤 것을 이해하는 것은 어른에게도 어려운 일인데도 말이다.

나는 이 책이 많은 이들에게 은총이 될 것이라고 믿는다. 왜냐하면 이 책은 오늘날 미국 사회에서 가장 중요한 주제들을 다루고 있기 때문이다.

우리는 모든 영역에서 도덕성, 원칙, 그리고 훈육의 부족으로 고통받고 있다. 그러나 돈의 영역보다 더 예민하고 분명하게 그런 문제가 나타나는 영역은 없다.

돈은 다른 어느 것보다도 점점 더 많이 결혼과 삶을 파괴시킨다. 사도 바울이 다음과 같이 말한 것도 그 때문이다. "돈을 사랑함이 일만 악의 뿌리가 되나니 이것을 사모하는 자들이 미혹을 받아 믿음에서 떠나 많은 근심으로써 자기를 찔렀도다"(딤전 6:10). 이 말은 정말로 진실이다.

이 책에서는 먼저 현재 경제사회에서의 돈과 관련된 몇몇 문제들을 제시할 것이다. 우리는 아이들의 미래 경제상황을 누가 책임질 것인지 자문해 보아야 한다. 재무원리의 기본을 따르면 예산생활은 영적으로 아주 가치로운 것이다. 책의 4부와 5부에서는 자녀들에게 재무원리를 가르칠 수 있는 실천적인 방법들을 설명할 것이다. 거기에는 그 원리를 쉽게 가르칠 수 있도록 아주 실질적인 요령, 제언, 도구, 그리고 활동들이 제시되어 있다.

하나님께서 주신 자녀를 지키는 청지기로서의 의무감을 가지고, 여러분께서 이 책을 주의깊게 살펴봐 주시기를 기도한다. 그렇게 하면 릭이 이 책에서 아주 명백하고 감동적으로 밝히고 있는 가르침을 파악할 수 있게 될 것이다. 자녀들이 돈 때문에 슬프고 근심스러운 삶을 사는 대신 축복받은 즐거운 삶을 누릴 수 있도록 여러분은 자녀들을 잘 가르칠 수 있게 될 것이다.

오늘날 미국에서는 결혼하는 부부의 반 정도가 5년 이내에 이혼한다. 이혼한 부부의 85%는 그들의 첫번째 갈등이 돈 문제였다고 말하고 있다. 그들은 그저 금전문제를 적절하게 다루는 방식을 몰랐다고 말한다. 그들은 돈 문제로 스스로를 구속시켰고, 그 결과로 서로에 대한 사랑과 존경심을 잃었으며 마침내 갈라섰다. 그들의 내면에 하나님의 원리대로 돈을 다루는 방법이 이미 자리잡았다면 이런 상황은 피할 수 있지 않았을까?

   하나님께서 이 책을 우리 아이들의 더 나은 미래를 위한 도구로 써 주시기를 기도드린다. 하나님의 축복을!

래리 버켓

1부

재무관리의 기초쌓기

1장 우리는 어떻게 여기에 와 있는가?

잘 차려입은 유명한 40대의 사업가가 근사해 보이는 그의 사무실 앞에서 서성거리고 있다. 한 손은 바지 주머니에 찔러 넣고 다른 한 손에는 전화기를 들고 있다. 전화 건 사람과의 대화 때문에 피곤해 하는 기색이 역력하다. 그는 중요한 단안을 내리기 위해 인내심을 가지고 적절한 말을 찾느라 잠시 발걸음을 멈추고 고개를 뒤로 젖힌다. 그리고 천천히 말하기 시작한다.

"애야, 네가 수표책을 가지고 있다는 것이 곧 네 은행계좌에 돈이 가득 들어 있다는 것을 의미하는 것은 아니다."

갑자기 장면이 바뀐다. 부유한 캘리포니아 스타일의 청년이 무릎에 팔꿈치를 괴고 해변가에 앉아 있다. 머리칼을 자주 뒤로 쓸어넘기고 있다. 전화를 들고 있는 자세로 보아 무언가 다른 말을 하려고 마음먹고 있는 것 같다. 그리고 무엇인가를 이해하려고 정말 애쓰고 있는 것처럼 보인다.

"좋아요, 아빠. 그런데 저한테 도대체 무슨 말씀을 하시려는 거예요?"

위 장면은 전화회사를 선전하는 텔레비전 광고에서 따온 것이다. 많은 부모들은 그 광고를 보면서 자녀에게 돈 문제를 이해시키지 못하는 그 아빠가 자신과 비슷하다고 생각할 것이다. 그 광고는 많은 부모들에게 그런

자괴감을 안겨준다는 점에서 조금은 서글픈 광고라고 할 수 있겠다.

재무 I.Q.: 무엇을 알아야 하는가?

오늘날 젊은이들의 재무지식 수준은 어느 정도인가? 이를 알아보기 위해 고등학교 3학년 학생들을 대상으로 그들의 지식 수준을 테스트할 전국 규모의 설문조사를 실시하였다. 그 결과 우리의 젊은이들은 그들이 졸업 후에 부딪칠 많은 중요한 의사결정에 대한 준비를 못하고 있는 것으로 나타났다.

이 조사는 학계와 산업계, 정부, 그리고 소비자 운동가 등 각계에서 12명 이상의 전문가가 모여 수행한 것으로 아주 다양한 질문들을 포함하고 있다. 택일형의 52개 질문은 지금까지 실시된 다른 어떤 조사보다도 고교생의 소비자 지식을 정밀하게 테스트할 수 있게 되어 있다. 또한 소비자 지식의 6개 하위 영역을 모두 포함하고 있다.

조사대상자는 무작위 추출된 8개 대도시 지역의 고등학생 428명이다. 응답자의 약 50%는 여학생이고, 72%가 백인, 13%가 흑인, 10%가 히스패닉, 그리고 나머지 5%는 동양인이었다. 가계소득이나 졸업 후의 진로, 용돈수준 등은 아주 다양했다.

조사결과를 분석하고 보고한 책임자에 따르면 고등학교 3학년은 '재무적으로 거의 문맹' 수준이다. 응답자들의 평균 점수는 100점 만점에 42점이었다. 더구나 그들은 문제의 25% 정도는 답을 몰라서 추측으로 답을 찍었다고 대답했다. 6개 하위영역 중 어느 영역에서도 평균점수가 50점을 넘지 못했다. 재무서비스 영역에서의 점수가 40점으로 가장 낮았다. 중요한 경제적 책임을 지기 위한 준비를 끝냈어야 할 나이의 학생들에게 우리는 도대체 무엇을 가르쳤는가? 이 세대는 현재의 국가경제를 이어받아야 할 세대이다. 또 우리가 그 동안 쌓아놓은 여러 골칫거리들을 정리해 주리라는 기대를 받고 있는 세대이다. 당장 오늘 이 젊은 세대에게 우리의 경제를 물려준다면 그들은 5조 1200억 달러의 빚을 떠안게 된다. 그 빚은 지금 이 순간에도 점점 더 증가하고 있다.

1조 달러라는 돈은 도대체 얼마나 될까? 천 달러짜리 다발로 쌓는다면 100만 달러는 약 10cm, 10억 달러는 약 91m(이는 거의 축구장 길이와 맞먹는다), 그리고 1조 달러는 약 101km에 이르는 높이이다. 여기에 5.12를 곱해 보라!

곧 이런 문제에 책임을 져야할 고교생들의 현재 재무 I.Q. 수준을 생각하면 '우리의 앞날은 어둡다'라고 말할 수밖에 없다.

이 상황에서 우리 나라와 우리 자녀들이 어떤 영향을 받게 될지 다시 간단히 정리해 보자. 부실한 재무교육 또는 그 교육의 부재 자체만이 문제가 아니다. 지난 수십 년 동안 상황은 점점 나빠지고 있다. 다음 통계를 보자.

- 미국에서의 이혼률은 현재 50% 정도이다. 이혼사유 1위는 경제문제이다. 이혼자들의 85%는 이혼사유가 경제적 문제와 관련되어 있다고 응답했다.
- 은퇴 후 65세 노인의 평균적인 순자산가치는 100달러에 불과하다.

우리 자녀들에게 경제적 상식을 가르치지 않는 것은 막다른 골목으로 그들을 내모는 것과 다름이 없다. 부모들이 자녀를 일부러 막다른 길로 내몰겠는가? 물론 아니다. 그러나 우리 스스로가 과거에 또는 현재에도 여전히 그 막다른 골목 위에 있다면?

앞에서 언급한 광고에서 아버지는 경제적으로 넉넉하고 충분한 재무 정보를 가지고 있는 사람으로 묘사되고 있다. 따라서 그의 문제는 그가 자녀를 훈련시킬 시간이 부족했기 때문에 생긴거라고 말할 수 있겠다. 그러나 이 아버지와는 달리 오늘날 미국의 아버지들은 돈에 대한 이해와 통제능력이 부족한 경우가 많다.

평균적인 미국인은 경제와 돈 문제에 대해 잘 모르고 있다. 심지어 어떻게 예산을 짜야 하는지, 어떻게 수표책을 기입하는 지와 같은 기본적인 문제조차도 잘 모른다. 가령 수표책에 따르면 어떤 달의 마지막 날에 은행에 남아 있는 돈이 A달러였다고 하자. 그런데 은행에서 받은 잔고표에는 다른 숫자가 적혀 있다. 이럴 때 어떻게 하는가? 많은 사람들은 간단하게 수표책의 숫자를 바꿔 적는다. 이는 올바른 방법이 아니다.

위 조사보다 1년 앞서 같은 설문지를 가지고 행해진 전국적인 조사에 따르면 성인들은 아이들보다 불과 16% 높은 점수를 받았을 뿐이다. 성인들의 낮은 재무지식이 아이들에게 그대로 전달되는 것이다. 이 무지함이 우리와 국가의 재무문제를 부추긴다.

많은 경우 현재의 국가적 상황은 우리 자신만의 문제나 가정교육 부재에서 비롯된 것만은 아니다. 실제로 사회가 더 큰 역할을 했다고 본다.

변화의 시대 - 무슨 일이 일어났는가?

미국인들은 언제나 돈 문제에 문맹이었던 것은 아니다. 1800년대 후반기와 1900년대 초반기의 사람들은 상당히 훌륭한 방법으로 돈을 관리했다. 그렇다면 무엇이 그것을 변화시켰는가? 시대를 거슬러 올라가 보자. 그리고 왜 우리가 오늘날 이와 같은 상황에 처하게 되었는지 알아보자.

오늘날의 상황을 만드는 데 수많은 요인들이 기여했음을 역사에서 배우게 될 것이다. 그러나 이들 중에서 우선 가장 중요하고 근본적인 요인들을 먼저 설명해 보자.

깡통저금통에서 돈이 열리는 나무로(돈나무 환상)

1800년대 후반에서 1900년대 초반은 미국이 기본적으로 농업사회였던 시기이다. 대부분의 사람들은 매우 열심히 일했으며 검소하게 생활했다. 농부들은 돈을 현명하게 쓰는 것 말고는 달리 대안이 없었다. 의지할만한 저축도 없었고 어려움이 닥쳤을 때 도움을 청할만한 사람도 없었다.

가족의 모든 경제문제는 저녁식사 시간에 의논하였다. 문제는 아주 구체적이고 단순했다. 자녀들도 논의에 참여했고 또 부모의 대화를 들으면서 배웠다. 자녀들은 낭비란 있을 수 없다는 것과 어떻게 절약해야 하는지를 배웠다. 그들은 노동과 음식과의 직접적인 관계 - 즉 일해야만 먹을 수 있다 - 를 보고 자랐다.

자, 이제 TV드라마였던 '초원의 집'에 나오는 집과 같은 한 농가를 상상해 보라. 집안 살림에 관한 일뿐만 아니라 가족이 무엇을 기르고 거두어 들이는지, 무엇을 음식과 바꾸는지 등등 모든 일이 온 가족의 공통된 관심사였다. 아이들을 포함해 모든 식구가 가을걷이의 성과가 좋은지 나쁜지를 알고 있었다. 모든 노력은 즉시 눈에 보이는 보상을 받았고 생필품이나 기쁨을 얻기 위해서는 예외없이 노동을 해야 했다. 이런 농가의 삶이 그 시대의 전형적인 삶이었다.

그 시대의 한 가족을 상상해 보자. 가장인 앤더슨 씨와 아내, 그리고 세 명의 아이들 제임스, 윌리엄, 베티가 있다고 하자. 앤더슨 부인은 커다란 통조림 병이나 깡통을 사용한 예산체계를 가지고 있다. 각각의 깡통에는 주거비, 식비, 의류비, 학비, 의료비 등등으로 라벨이 붙어 있다. 부인은 용도별로 돈을 나누어 각 깡통에 집어넣는다.

특별비가 필요할 때는 별도의 깡통이 필요하다. 예를 들어 베티가 졸업식에 입을 새 드레스가 필요하다고 하자. 아마도 졸업식 훨씬 전부터 드레스를 사기 위해 예산을 세우고 준비를 해야 할 것이다. 깡통을 하나 다시 마련하고 거기에 '베티의 졸업드레스'라고 이름을 붙인다. 엄마와 베티는 드레스 살 비용을 모으기 위해 지금부터 함께 일해야 할 것이다.

어린이들은 본능적으로 호기심이 많다. 그들은 가족의 일에 참여하기를 원하고 다른 가족원이 무엇을 하고 있는지 알고 싶어한다. 그러므로 앤더슨 씨네 아이들도 가족의 돈 문제에 대해 자연스럽게 알게 될 것이다. 돈 문제는 가족원 모두가 볼 수 있고 평가할 수 있게 개방되어 있다. 어떻게 돈을 벌 수 있는지도 명확하다. 이처럼 가족의 경제문제에는 감추어진 어떤 것도 없었다.

앤더슨 씨 같은 부모들이 오늘날의 부모들보다 자녀들에게 더 열심히 돈 문제를 가르쳤던 것은 아니다. 단지 그 시대의 경제 시스템이 그들이 사용했던 유리병처럼 투명하고 가시적이고, 그리고 어린이들도 이해하기 쉬운 형태였을 뿐이다.

이제 오늘날의 한 가족을 보자. 윌슨 씨네는 전형적인 대가족이다. 이들도 역시 세 명의 자녀를 가지고 있는데 그들의 이름은 채리티, 리안, 그리고 타일러이다. 아빠가 직업을 바꾸려고 하고 있는 참이라 경제사정이 빠듯하다. 물론 아이들은 그 사정을 모른다. 왜냐하면 부모들은 자녀들이 돈 문제로 걱정하기를 원하지 않기 때문이다. 윌슨 씨네는 지난 두 달간 신용카드로 물건을 사며 지냈다. 지금까지는 그런대로 모든 게 괜찮아 보여서 아이들은 아무런 의심도 하지 않고 있다. 아이들이 잠든 뒤에야 부부는 모여서 함께 돈 문제를 의논한다.

윌슨 부인은 몇 가지 볼일을 보러 밖으로 나간다. 식품점에서 야채를 사고 돈을 지불한다. 자녀들은 엄마가 무엇을 하고 있는지 잘 모른다. 따라서 전기를 쓰거나 TV를 보거나 음식을 먹는 일이 돈 문제와 어떻게 관계가 있는지 잘 깨닫지 못한다.

윌슨 씨는 아이들을 데리고 은행에 가기도 할 것이다. 그러나 윌슨 씨가 은행에서 일을 보는 동안 아이들은 차안에서 기다린다. 아이들은 수표책이 어떤 것인지 본 적조차 없다. 아빠가 직장에서 무슨 일을 하는지에 대해서도 잘 모를 것이다. 은행에서 주택융자금을 늦게 낸 것 때문에 약간의 논쟁을 하고 윌슨 씨는 차로 돌아온다. 그는 차안에서 기관총처럼 쏘아대는 아이들의 요구를 듣게 될 것이다.

"아빠, 맥도널드에 가서 햄버거 먹어요."

"내일 학교에서 소풍가는 데 입을 새옷이 필요해요."

이때서야 그는 한숨을 쉬고 나서 소리지른다.

"안돼. 우리는 그럴 여유가 없어. 돈이 나무에서 그저 열리는 줄 아니?"

아마도 가장 어린 타일러는 당황할 것이다. 그는 물건을 살 때를 제외하고는 돈이 어디서 생기는지, 그리고 어디에 쓰이는지 생각해 본 적이 없을 것이다.

노동과 물건, 또는 돈과 물건과의 관계를 아주 직접적인 관계로부터 추상적인 관계로 바꾸어 놓은 사회적인 변화는 우리 생활에 큰 영향을 미쳤다. 노동과 화폐 사이의 직접적인 관계는 사라졌다. 단지 부모들을 관찰함에 의해 얻을 수 있었던 단순한 지식들은 사라져 버렸다.

윌슨 씨네 가족과는 달리 앤더슨 씨네 자녀들은 부모들이 돈 문제를 눈에 보이는 곳에서 개방적으로 다루었기 때문에 자연스럽게 경제적 지식을 획득했을 것이다. 그런 시대가 이젠 가버렸다. 우리는 변화에 적응하지 못했고 아이들은 돈이 통조림깡통에 들어가고 나오는 것을 더 이상 볼 수 없게 되었다. 마술적인 투명한 돈나무 외에는 아무 것도 통조림깡통과 단순했던 가족의 경제문제를 대신해 줄 수 없다.

우리 아이들에게 가족의 경제문제를 이해시키기 위해 통조림 깡통을 다시 사용하는 것이 우리가 해야 할 일인가? 그렇지 않다. 깡통이 문제가 아니다. 이제 다른 요인을 한 번 검토해 보자.

자립에서 의존으로(의존심리)

토마스 제퍼슨은 이런 말을 한 적이 있다. "나는 여러 가지로 중요하고 으뜸되는 선(善) 중에서도 검소함을 첫째로 친다. 반면에 나라의 빚은 가장 위험한 것이라고 생각한다. … 우리는 '검소하지만 자유롭거나' 그리고 '풍족하지만 예속된' 상황 중 하나를 선택해야 한다. 정부가 국민들을 돌본다는 미명하에 국민의 노동력을 낭비하지 못하도록 한다면 우리는 행복해질 것이다."

다시 1900년대 초의 '초원의 집'으로 돌아가 보자. 앤더슨 씨네 저녁 식사 중의 대화주제는 아이들이 원하는 것이 무엇인가 또는 아이들이 자라서 무엇이 될까와 같은 것들이다. 어린 윌리엄은 커서 농장을 경영하고 싶어한다. 그는 열심히 일해서 돈을 모으고 식구들이 살 곳을 정해 집을 지을 것이다. 형인 제임스는 의사가 되고 싶어한다. 그는 학비를 모으고 있는 중이고 부모들도 돕겠다고 약속을 했다. 지금까지 모은 것과 아빠한테서 배운 목수기술을 가지고 그는 우선 상급학교에 진학할 계획을 세우고 있다. 막내 베티는 재봉틀을 사서 자기 옷을 만드는 게 꿈이다. 언젠가 베티는 원하던 것을 갖게 될 것이다. 아마도 자기가 만든 옷을 팔 수 있게 될지도 모른다.

가족 모두는 그들이 열심히 일하고 기술을 배우고 살기 위해 돈을 벌어야만 한다는 것을 알고 있다. 그들은 당분간 지금 가지고 있는 것만으로 - 그것이 집에서 스스로 키운 것이든 누구와 바꾼 것이든 공짜로 얻은 것이든 상관없이 - 살아야 할 것이다.

인생은 단순하고 유쾌한 것이었다. 그러나 상황이 바뀌었다. 1920년대와 30년대에 공업이 농업을 대치하게 되었다. 땅과 밀접한 관계를 맺고 있던 금전관리의 양상도 변하였다. 오늘날 자녀들은 부모세대와는 다른 문제를 갖고 있다.

산업화 초기는 모두에게 행복한 시대였다. 자동차나 다른 편리한 기계들이 대량으로 만들어졌다. 사람들은 예측하지 못했던 것들을 갑자기 갖게 되었다. 전에는 상상도 못했던 것들이 판매대 위에 놓여졌다. 주택마저도 더 쉽게 사고 팔 수 있게 되었다. 생활수준이 상승했고 사람들은 그것을 있는 그대로 받아들였다. 마치 나라가 멈출 수 없는, 굴러가는 바퀴 위에 있는 것처럼 소비가 걷잡을 수 없이 증가하였다. 그래도 1920년대는 그럭저럭 좋은 시기였다.

그런데 대공황이 닥쳐왔던 것이다. 그 때까지 부모세대보다 잘 살고 있던 사람들이 갑자기 가난을 경험하게 되었다. 이때부터 장기적인 영향을 고려한 변화, 즉 정부역할에서의 변화가 나타나게 되었다.

미국의 초기 정치적, 사회적 지도자들은 정부에게 대가없는 무엇을 기대하지 말라고 얘기해 왔다. 토마스 제퍼슨 같은 이는 정부가 국민에게 무언가를 제공하기 시작하면 정부가 국민을 규제하는 정책결정자로서의 힘을 갖고 군림하게 된다라고 경고한 바 있다.

조지 워싱턴부터 캘빈 쿨리지에 이르기까지 미국 대통령들은 정부의 돈을 개별 시민을 위해 쓰지 말라고 경고해 왔다. 하원의원인 데이빗 크로켓은 국회의사당에서 국민들의 세금을 남북전쟁 참가자들의 미망인들을 위해 쓰는 것을 격렬하게 반대하기도 했다. 대신 그는 국회의원들이 돈을 거두어 그 미망인들을 돕자고 제안했다. 그로버 클리블랜드 대통령은 뉴욕에 있는 고아원 시설 개축을 위해 세금을 쓰도록 허용했다고 해서 2번째 임기 중에 물러났다.

이 사람들은 우리가 알고는 있었더라도 그 동안 잊고 있었던 무엇인가를 본능적으로 이해하고 있었다. 그들은 이미 직관적으로 이제 막 우리가 증명하려고 하는 것, 즉 '한 번 국고가 열리면 거기에는 한이 없다는 것'을 알고 있었다.

초기 미국 지도자들의 경고와 충고에도 불구하고 정부는 자기식대로 일을 추진해왔다. 이는 기본적으로 "우리가 여러분을 돌봐 드리죠. 걱정 마세요. 여러분의 손실을 우리가 채워 드립니다"라고 말하는 것과 다름이 없다. 국민들은 "우리는 이런 것들을 가질 수 있습니다. 우리는 그럴 만한 자격이 있는데요"라는 식의 태도를 갖게 된다. 국민들은 공황 전에 자신들이 가지고 있었던 것들을 다시 소유하기를 원했다.

1932년에 프랭클린 루즈벨트는 선임자들의 주장에 정면으로 배치되는 기치를 내걸고 경제에 대한 정부간섭을 증가시키기 위한 선거캠페인을 전개하였다. 대통령으로 선출되자 그는 공약을 실천에 옮겼다. 정부가 미국경제의 주도적인 책임자가 된 것이다. 그 결과 자급자족 정신이 쇠퇴하고 정부 의존을 당연시하는 풍토로 바뀌었다. '일이 더 나빠지면 정부가 도와줄 것이다'라는 식의 태도가 확산되었다. 국민들은 정부가 자기들을 굶게 내버려두지 않으리라는 믿음을 갖게 되었다. "정부는 우리가 일정 수준 이상의 삶을 영위하게 만들 책임이 있다."

정부가 약속한 것들은 처음에는 상당히 합리적으로 보였다. 정부는 국민들의 기아구제와 가족을 먹여 살릴 수 있는 최소임금을 약속하고 노인들을 위한 은퇴계획을 수립해 나갔다. 물론 정부지원액이 충분하지는 않았지만 한 푼도 없는 사람에게 최소한의 먹을 것을 대줄 정도는 되었다. 사회보장제도가 탄생한 것이다.

정부의 간섭은 점차 증가하였다. 처음에는 '최악의 경우'에만 간섭하다가 차츰 '평균적인 경우'에도 간섭하게 되었다. 누군가 무엇을 못 가지고 있으면 그는 '박탈된 상태'에 있는 것이다. 그는 더 나은 상황에 있어야만 한다. 정부가 그 일을 해야 한다. 정부의 공적보조 프로그램과 보호대상자 자격부여 프로그램이 대규모로 개발되었다.

케네디 대통령은 취임 연설에서 "국가가 여러분을 위해 무엇을 해 줄 수 있는가를 묻지 말고 …"라는 말로 시작되는 유명한 연설을 한다. 이는 초기의 지도자들이 강조했던 정신을 재인용한 것이다. 그 당시 미국 정부에 기대고 있던 사람은 불과 2,200만 명이었으나 그 다음 10년 동안 그 숫자는 1억 6,000만 명으로 증가하였다.

린든 존슨은 연방정부가 식료품과 주택 등 기본적인 생활필수품까지도 제공해 주는 역할을 해야 한다고 생각했던 사람이다.

점점 더 많은 미국인들이 자신의 문제를 해결해 달라고 정부에 요구하고 있다. 정부가 그럴 능력이 없다는 것을 보여주는 여러 증거와 늘어나는 정부 빚에도 불구하고 미국인들은 정부를 순진하게 믿고 있다. 오늘날까지 이런 태도는 점점 더 확산되어 왔다. 실제로 현대의 미국인들의 80%는 정부로부터 어떤 형태의 도움이든 받고 있다.

다시 현대의 가족, 윌슨 씨네로 돌아가 보자. 아빠는 마음을 가라앉혔다. 막내인 타일러는 정말로 돈이 열리는 나무가 있는지 확인해 보려고 마음먹고 있다. 윌슨 씨 가족은 TV를 보며 간식을 먹고 있는 참이다. 뉴스의 앵커는 정부의 새 예산이 이 나라의 젊은이들과 곧 취업하려는 사람들에게 어떤 영향을 미칠지를 이야기하고 있다. 전망이 밝아보이지 않는다. 정부는 새로운 일자리를 창출하고 젊은이들을 훈련시킬 프로그램 예산을 줄이고 있다. 교육에도 더 이상 추가예산이 배정되지 않았다.

윌슨 씨는 머리를 내저으면서 힘없이 말할 것이다. "너희들이 힘들어지겠구나, 내가 도와줄 수 있는 형편도 안 되고."

가장 나이가 많은 채리티는 "내가 신청한 장학금이 줄지 않아야 할 텐데. 무슨 공부를 할지 정하지는 못했지만 나랑 내 친구는 어쨌거나 대학에 갈 거예요"라고 말한다. 리안은 엉겁결에 이렇게 말할지도 모른다. "나는 부자가 될거야. 나는 시시한 직업 따위는 안 가져. 집에서 TV만 보고 있어도 시시한 직업을 갖는 것보다 정부에서 더 많이 타낼 수 있잖아요."

막내 타일러는 좋아하는 프로그램을 보기 위해 채널을 돌려도 좋은지 묻는다. '심슨가족'이 시작될 시간이다.

오늘날의 어린이들에게는 원하는 것을 갖기 위해서는 일을 해야 한다는 개념이 거의 없다. 그들에게는 노동과 직업 또는 노동과 목표달성과의 관계가 분명하지 않다. 정부 장학금을 타거나 각종 보조를 얻는 것이 그리 어렵지도 않다. 도대체 왜 그것을 타면 안 되는가! 만기에 갚아야 할 액수에 대해서는 누구도 신경쓰지 않는다. 노동과 저축, 소득 획득은 이제 더 이상 자연스런 대화의 주제가 아니다.

우리의 세속적인 사회가 우리와 우리의 자녀들에게 얼마나 많은 영향을 미치는가? 보다 더 분명하게 말하자면 결국은 자녀에게 전염될 우리의 태도와 사고방식이 사회로부터 어떤 영향을 받는가? 이것이 우리가 부모로서 깨달아야 할 사항이다.

돈나무 환상과 마찬가지로 의존심리 요소도 우리 사회와 우리 태도를 변화시켜 왔다. 예전에는 각자가 열심히 일해서 스스로의 삶을 일궈왔지만 이제는 많은 사람들이 그 일을 정부에 미루고 있다. 우리가 자녀들을 위해 강조해야 할 것이 이런 변화였던가? 지금이 우리 자녀들의 재무 I.Q.를 높이기 위해 훈련을 시켜야 할 시발점인가? 아니면 부모로서 우리 자녀들의 미래를 위해 찾아볼 또 다른 대안이 있는가? 한 번 그것을 찾아보자.

나중 일은 누가 알게 뭐야(빚쟁이 근성)

잠시 옛날로 돌아가 보자. 앤더슨 씨는 저녁 식사 후에 아버지(그러니까 아이들의 할아버지)와 대화를 나누고 있다. 할아버지는 앤더슨 씨에게 올해는 흉작이니 자기가 돈을 좀 빌려주겠다고 제안한다. 앤더슨 씨는 그것을 거절한다. 그는 늘 해오던대로 혼자 일을 해결하는 것이 최선이라는 것을 알고 있다. 그것만이 그가 알고 있는 유일한 방법이다. 그런 방식은 그가 하나님을 더 믿고 따르도록 만든다. 앤더슨 씨는 아버지에게 다음과 같이 말한다.

"아버지께서 저에게 그렇게 가르치셨잖아요."

그들은 가슴에서 우러나오는 미소를 나눈다.

그렇다. 그것이 일이 돌아가는 방법이었다. 막내 베티는 아빠를 바라보며 말할 것이다.

"아빠, 내 깡통 저금통에도 돈이 있어요. 그걸 쓰세요."

앤더슨 씨는 고맙다고 말하면서 베티를 칭찬한다.

"하나님께서 우리를 돌보신단다. 계속 저축하거라. 그러면 원하던 인형을 갖게 될 거야."

2차 대전 동안과 그 이후에는 공황 전의 '풍요 멘털리티'가 다시 증가하였다. 전쟁 중에는 거의 모든 사람이 일자리를 얻었고 대부분의 직장은 정부보조를 받아 많은 월급을 지불했다.

전쟁 중에 정부는 잉여소득을 가진 많은 국민들로부터 돈을 빌렸다. 국민들은 만기 7년인 국채에 많은 돈을 투자했다. 정부는 새로운 각종 사회보장 프로그램을 시작했고 점점 더 많은 국채를 발행했다. 더 나빴던 것은 정부가 국민들에게, 문제가 생겼을 때 빚을 져서 문제를 해결하도록 하는 습관을 들이게 했다는 것이다. 정부가 그렇게 하듯이 말이다.

이들 새로운 세대는 '공짜' 근성을 가지고 자랐다. 지금 정부는 주택과 대학교육을 위한 비용의 대출을 보장하고 있고 다른 다양한 대출 프로그램도 시행중이다. 정부는 이미 실패한 것으로 증명된 해결책이나 시스템을 고집하고 있다.

정부의 채무의존성은 일반 미국인들에게 그대로 전염되었다. 좋은 예가 일반병사권리장전(G. I. Bill; 미국정부가 2차 대전 후 퇴역군인들에게 상당한 현금의 특전을 주었던 법 – 역자주)이다. 이는 '집을 살 수 없다면 그 집에서 살 수 없다'라는 예전의 태도를 '집을 살 수 없으면 정부로부터 돈을 빌려라. 그러면 그 집을 가질 수 있다'라는 식으로 변화시켰다.

아주 많은 기관들이 정부가 갚을 수 없는 정도의 빚을 정부에 빌려 주고 코를 꿰인 상태이다. 정부가 보증하지 않는 채권도 증가하고 있다. 오늘날에는 40년 또는 90년 이상 쓸 수 있는 장기적인 빚도 있다. 일본에서는 3대에 걸친 채무도 가능하다.

소비자 신용 : 이러한 식의 태도변화는 신용사회를 도래시켰다. 이는 1900년대 초기의 사람들은 상상도 못했던 것들이다. 그 때는 사람들이 무언가를 얻고 싶으면 일해야 한다는 것을 당연하게 여겼다. 돈을 벌고 그것을 저축해서 필요한 것을 샀다. 경제개념은 매우 간단했고 유혹도 거의 없었다. 물론 그 이유 중 하나는 신용(외상)이라는 것을 거의 상상해 본 적이 없기 때문이다.

그 후 점차 채무의존 성향이 강해졌다. 은행과 정부 그리고 상인들은 신용카드 사용이나 대출을 확대시킬 여러 가지 방법들을 찾아냈다. 신용을 얻는 것은 과소비를 위한 가장 빠른 길이었기 때문이다.

1950년대에는 상당한 소득을 가지고 있지 않는 한 신용카드를 쓰거나 대출을 얻는 것이 불가능했었다. 그러나 1993년에는 고졸자의 32%, 대졸자의 82%가 최소한 1개 이상의 신용카드를 가지고 있다는 것을 보고한 연구가 있다. 그러나 앞에서 언급한 재무 I.Q.의 테스트 결과, 고교생의

40%만이 연간 이자율의 개념을 이해하고 있었다.

  은행들도 대출을 통해 돈을 벌 수 있다는 것을 인식하게 되었다. 그들은 돈을 낚아채듯이 이자를 받아간다. 사람들이 집을 살 때는 6%로, 신용카드로 돈을 빌릴 때는 12%로 돈을 빌려준다.

  은행은 가능한 한 많은 사람을 발굴해 내어 신용카드를 쓰도록 만든다. 대부분의 미국인들은 정직하고 돈을 잘 갚을 것이라고 이유를 대면서 말이다. 돈을 빌린 사람의 5%가 빌린 돈을 제대로 갚지 않는다고 해도 은행은 대출이자를 18%까지 높여 이 손실을 만회할 것이다. 따라서 은행은 겁내지 않고 투기적인 대출을 늘린다. 사람들의 채무의존성이 커지는 것은 당연하다.

  우리 세대는 불확실하고 가상적인 풍요로움 위에서 살고 있다. 사람들은 말 그대로 예전에는 살 여유가 없었던 상품들을 살 수 있게 되었다. 소비자신용이 그것을 가능하게 한 것이다. 문제는 이자를 물어야 하기 때문에 현금으로 살 때보다 더 비싼 값을 치러야 한다는 것이다.

  미국인들은 한 가계당 연간 평균 7천 달러를 이자로 지불한다. 그들의 평균소득은 3만 2천 달러이다. 지난 10년간 그 총액은 7만 달러였다. 그들이 그 돈을 저축해서 투자했다면 10년 동안 그 돈은 15만 달러로 늘어났을 것이다. 이자로 지불한 만큼을 더 벌 수 있었다는 얘기다. 전생애 동안 이 과정이 되풀이된다고 생각해 보라. 신용의 비용이 얼마나 큰지 짐작할 수 있을 것이다.

  그러나 이자에 대한 무관심은 의존심리에서 비롯되는 더 큰 다른 문제에 비하면 아무 것도 아니다. 우리의 자녀들은 이미 다 자라서 노동시장에 진입하고 있고 국가를 물려받을 준비를 하고 있다. 그런데 그들은 화폐관리의 가장 기본적인 원리 · 그 중의 하나는 돈이 무엇인가 하는 것 · 조차도 아직 잘 이해하지 못하고 있다.

화폐 · 교환수단 : 미리엄 웹스터(Mirriam Webster) 학생 사전에 따르면 화폐란 '일반적인 교환의 매개체이자 가치의 척도이며 지불수단' 이다. 우선 화폐는 교환을 중개하는 수단이다. 20달러 어치의 가치가 있는 재화나 서비스를 얻으려면 20달러를 지불해야 한다. 이는 그 사람이 그 재화와 서비스가 20달러의 가치가 있다고 평가한다는 의미이다. 만일 한 시간에 20달러를 버는 사람이 외식비로 40달러를 썼다면 외식과 두 시간의 노동을 교환했다는 걸 의미한다. 여기서 화폐는 시장시스템이 돌아가도록 도와주는 수단일 뿐이다. 레스토랑 주인에게는 두 시간의 노동이 아무런 가치가 없을 것이기 때문이다.

이는 너무나 당연한 것처럼 보인다. 사실 그렇다. 그러나 이 단순한 시스템을 파악한 후에 우리는 그 의미를 잊어버리기 쉽다. 실제 생활에서 이것이 무엇을 의미하는지 우리는 잘 이해하지 못하고 있다. 위의 공식을 변화시킬 방법은 두 가지 밖에 없다. 하나는 더 열심히 일해서 시간당 가치를 20달러보다 크게 만드는 것이고, 다른 하나는 더 값싼 식당에서 외식을 하는 것이다.

오늘날의 어린이들은 우리가 지금까지 논의해 온 부정적인 요소들 때문에 이 기본적인 가르침을 이해하지 못하고 있다. 복잡하고 때로는 잘 노출되지 않는 경제 시스템, 정부의 각종 보조, 그리고 특별히 빚쟁이 근성이 이러한 기본 가르침의 정착을 방해한다.

다시 윌슨 씨 가족을 보자. '심슨가족' 이라는 프로가 끝났다. 아빠는 방에서 엄마를 부른다. 그리고 부인에게 은행에 갔던 일이 잘 안 되었다고 얘기한다.

"주택을 담보로 융자해 주는 회사에 다시 알아보면 어떨까요? 그 사람들은 신용 등급에 크게 신경쓰지 않던데…" 하고 부인이 제안한다. 윌슨 씨도 그게 좋겠다고 생각했다. "좋은 생각이야. 주택을 담보로 하면 빚을 다 갚고도 남을만큼 빌릴 수 있을 거야. 아마 남은 돈으로 여행을 할 수 있을지도 몰라."

아이들이 저녁식사를 하러 방에서 나오자 윌슨 씨가 소리친다.

"얘들아, 오늘 밖에 나가서 저녁을 먹자. 축하할 일이 생겼다."

외식하러 나가면서 아빠가 아들에게 묻는다.

"그런데 채리티, 네 신용카드는 아직도 사용한도를 넘은 상태니?"

"아니오, 아빠. 41친구에게 돈을 빌려서 좀 갚았어요."

"잘했구나. 오늘 저녁식사 값은 네 카드로 낼 수 있겠니? 내가 다음 주에 갚아주마."

타일러는 아빠가 전에 말한 돈나무를 찾아보려고 애쓰면서 집을 돌아본다. 그에게는 가족들이 돈나무에서 추수를 한 것처럼 보일 것이다.

빚쟁이 근성 요인은 우리 사회에서 어떻게 채무의존 성향이 재무관리의 기본조차 잊어버리게 만들었는지 보여주고 있다. 화폐는 더 이상 교환의 수단이 아니다. 그 자체가 목적이다. 이러한 사고방식은 '빚을 얻는 것을 포함해 어떤 방법을 동원해서든 모을 수 있는 한 많이 돈을 모아라. 나에게 유리하게 국면을 전환시키는 걸 두려워하지 말라. 그저 오늘을 위해 살아라. 다른 것은 정부가 해야 할 일이다' 라는 식의 태도를 갖게 만든다.

우리 아이들의 재무 I.Q.가 낮다는 것은 놀라운 일이 아니다. 그게 높다면 오히려 이상하다. 그러면 이러한 요인들만이 오늘날 가계와 국가를 지금과 같은 상태로 만든 원인인가? 그렇지 않다. 이제 앞에서 언급한 요인들만큼 큰 영향을 미친 다른 요인을 하나 더 찾아보자.

서둘러 벼락부자가 되자(벼락부자 신드롬)

농장 생활은 지금과 비교하면 훨씬 느긋한 생활이다. 거의 1세기 전부터 가족들은 하루의 힘든 일을 마치고 따뜻한 저녁식사를 한 후 쉬면서 가족과 함께 하는 시간을 가졌다. 할아버지와 할머니도 자리를 함께 했다. 저녁식사의 주제는 종종 부자에 관한 것이었다. 아이들은 부자들에 대한 이야기를 흥미롭게 들었다. 그것들은 마치 잠자기 전에 침대에서 듣는 자장가 같은 것이었다. 아이들은 계속 질문을 해댔을 것이다. 아이들은 '왕족'이나 '귀족,' '돈,' '노예,' '보석,' 그리고 '환상의 세계'로 날아갈 수 있었다.

가장 나이가 많은 제임스가 말한다. "부자가 되면 어떤 생활을 할 수 있을까요?" 계속 침묵을 지키고 있던 엄마가 대답한다. "제임스, 학교가 끝난 후에 너는 무엇을 하면서 보내지?" "아시다시피 책을 읽거나 나무를 조각하거나 하죠." "부자인 네 친구 마크는 어때? 그 애는 말을 가지고 있지? 그 애가 책을 읽거나 나무조각을 하는 데 얼마나 많은 시간을 보내니?" "엄마, 지금 농담하시는 거지요? 마크는 이 근처의 모든 애들이 가지고 싶어하는 말을 가지고 있어요. 그렇지만 그 때문에 그 애는 너무 바빠서 아침에 제대로 신발 신을 시간도 없어요. 책을 읽거나 할 시간은 더더욱 없다구요"

월슨 씨가 부인을 도와 설명한다. "성경에서는 부자가 되려고 애쓰지 말라고 가르치고 있단다. 왜냐하면 마크의 경우처럼 부자가 된다는 것은 더 많은 책임을 동반하는 것이기 때문이지. 재물이 행복을 가져다 줄 거라고 믿었던 많은 사람들은 그것이 사실이 아니라는 것을 알게 되지. 사람들은 재물을 더 얻으려고 노력하지만 그것은 끝을 알 수 없는 순환고리와 같은 거란다."

할머니도 말씀하신다.

"무언가를 소유하는 게 좋은 일일 수도 있지만 부자가 된다는 것과 행복을 얻는 것과는 별개란다."

베티는 그 대화의 내용을 이해하려고 노력한다. 그녀는 머리 속에서 그 말을 되풀이하여 생각하면서 한 가지를 분명하게 이해하려고 애쓴다.

"아빠, 우리는 부자예요?"

싱글싱글 웃으면서 아빠가 대답한다.

"그렇고 말고. 우리는 진짜 부자지."

오늘날 우리는 너도나도 빨리 부자가 되려는 생각을 갖도록 만드는 사회에 살면서 아이들을 키우고 있다. 만일 한 젊은이에게 '어떻게 해야 성공할 수 있느냐'고 묻는다면 그 대답은 우리에게 무엇이 문제인지를 일깨워 줄 것이다.

우리가 언급해야 할 첫번째는 많은 사람들의 대답이 '성공'이나 '부'를 화폐의 축적으로 정의할 것이라는 사실이다. 원래의 '아메리칸 드림'은 생명과 자유를 얻고, 좀더 나은 미래를 위해 '종교의 자유'나 '억압으로부터의 해방'을 성취하는 것, 그리고 행복의 추구를 의미하는 것이었다. 오늘날 '아메리칸 드림'은 주어진 시스템 내에서 일하면서 올바른 생각을 가지고 적절한 시간에 올바른 장소에 있게 되면 굉장한 부자가 될 수 있다는 것을 의미하는 것으로 그 개념이 축소되었다.

성공에 대한 젊은이들의 대답은 그들이 보아 온 것이 대중매체에서 강조되어 온 것임을 나타낸다. 다음은 '성공'하는 방법에 대한 젊은이들의 대답이다.

- 복권에 당첨되는 것(이는 기독교계 학교 학생들을 대상으로 한 조사에서 부자가 되는 방법으로 언급된 것들 중 세 번째로 많이 나온 답이다.)

- 멋진 제품을 만들어 그것을 수백만 개쯤 파는 것
- 유명한 가수가 되는 것
- 유명한 배우가 되는 것
- 프로 운동선수가 되는 것
- 주식시장에서 돈을 버는 것

열심히 일해서 저축하고, 현명하게 투자하고, 돈을 잘 관리해서 성공하는 것, 또는 조그만 사업을 시작해 열심히 일해서 견실한 기업을 키워내는 것과 같은 전통적인 가치관을 나타내는 답은 거의 없다.

흥미로운 점 중의 하나는 우리 사회가 열심히 일하는 사업가나 선구자적인 사람들과 함께 성장해 왔으면서도, 교육체계는 사람들을 안정된 한 직업에만 매달리도록 준비시키고 있다는 점이다. 물론 하나의 직업을 갖는 것은 잘못된 게 아니다. 그러나 그렇다고 해서 선구자적인 사업가가 될 비전과 태도를 가지고 있는 사람들을 격려하거나 훈련시키지 말아야 하는 것은 아니다. 우리가 그들을 격려하고 훈련시키면 더 많은 기업이 성공할 수 있을 테니까.

우리 사회에는 사업에 대한 또 다른 편견이 있다. TV를 켜고 거기서 사업가들이 어떻게 묘사되는가를 보라. 회사를 가지고 있거나 경영하고 있는 사람들은 나쁜 사람들로 묘사되는 경우가 많다. 그들은 많은 돈을 가지고 있고, 쉽게 살려 하고, 사람들을 찍어 누르거나 사취하고, 실제로 일을 하고 결정을 내리는 노동자들을 무시하는 것으로 묘사된다.

텔레비전에서 우리 아이들에게 직업에 대해 잘못 가르치고 있다고 말하려는 것은 아니다. 그러나 우리는 부모로서 우리 사회가 아이들에게 무엇을 가르치고 있는지, 어떻게 그들의 습관을 변화시키고 있는지를 알고 있어야 한다.

벼락부자 환상은 우리 사회가 돈 문제에 대해 침묵하게 하는데 중요한 역할을 해 왔고 지금도 그렇게 하고 있다. 그 영향력이 크기 때문에 다음 장에서 그런 환상의 성장과 그것을 부추기는 여러 다른 요인에 대해 살펴 볼 것이다.

〈자녀와 함께 해봅시다〉

재무 I.Q. 테스트(8세 이상에게 적용)

이미 말한대로 미국인들의 재무 I.Q.는 언제나 매우 낮았다. 자녀들에게 아래의 문제에 답하게 해 보라. 그러면 그들의 재무지식 수준이 어느 정도인지 알 수 있게 될 것이다. 그들이 쓴 답을 가지고 함께 이야기해 보라.

당신의 재무 I.Q.는?

다음 문제들은 기초적인 돈 문제에 대한 여러분의 지식을 알아보기 위한 것입니다. 알고 있는 대로 답해 주세요. 끝낸 후에는 쓴 답을 가지고 부모님과 이야기할 준비를 하세요.

1. 돈이란 무엇일까요? 돈은 왜 가치를 갖게 되지요? 부모님은 어디서 돈을 벌어오시나요?

_____

_____

2. 부모님은 어느 은행과 거래하십니까?

_____

_____

3. 이자는 언제, 왜 지불할까요? 여러분은 어떻게 이자를 받나요?
_____
_____

4. 신용카드란 무엇입니까? 직불카드는요? 우리가 신용카드로 물건을 사는 것이 어떻게 가능한지 알고 있나요?
_____
_____

5. 빚(부채)이란 뭐지요? 빚과 신용은 어떻게 다릅니까?
_____
_____

6. 수표와 수표등록기는 어떻게 쓰는가요?
_____
_____

7. 부모님께서 일 년에 돈을 얼마나 버시는지 알고 있나요?
_____
_____

8. 부모님께서는 수입의 몇 %를 세금으로 내실까요?
_____
_____

9. 부모님께서 매달 어떤 곳에 돈을 쓰셔야 하는지 아는대로 써 보세요. 각각의 용도에 수입의 몇 %쯤을 쓰실 거라고 생각합니까?

_____
_____

10. 부모님께서는 매달 식료품비로 얼마나 쓰실까요?

_____

11. (집이 있는 경우) 부모님께서 주택유지에 매달 얼마나 돈을 쓸까요? (집이 없는 경우) 부모님께서 매달 집세로 얼마를 낼까요?

_____

12. 청구서의 돈을 다 지불한 후에 부모님께는 남아 있는 돈이 얼마나 될까요?

_____
_____

13. 주택저당채권이란 무엇입니까?

_____
_____

14. 부모님께서 자동차 유지를 위해 쓰시는 돈은 한 달에 얼마쯤 될까요? 1년 동안에는 총 얼마쯤 쓸까요?

_____
_____

15. 부모님께서 매년 수입의 몇 % 쯤을 교회에 내실까요?
_____
_____

16. 저축이란 무엇인가요? 우리는 왜 저축을 해야 하지요?
_____
_____

17. 예산이란 무엇입니까? 적자에 대해서는 알고 있나요?
_____
_____

18. 만일 독립해서 혼자 살게 된다면 한 달에 얼마의 돈이 필요할 것 같은가요? 그냥 재미삼아 돈이 어디어디에 들겠는가를 나열해 보고 각 항목에 수입의 몇 %쯤을 써야 할지 생각해 보세요.
_____
_____

'백만장자' 게임(8세 이상에게 적용)

거의 모든 사람들이 백만장자가 된다면 무엇을 할까 하는 상상을 해본 적이 있을 것이다. 그러나 아주 큰 돈이라도 잘 관리하지 않으면 순식간에 사라질 수 있다는 사실을 깨닫고 있는 사람은 많지 않다. 돈을 더 많이 벌면 문제가 줄어들 것이라는 믿음이 사실이 아니라는 것을 자녀들에게 보여주기 위해 여행을 할 때나 저녁 식사 후 '백만장자' 게임을 해 보라. 게임요령은 다음과 같다.

자녀들에게 어디서 백만 달러가 생겼다고 가정해 보게 한다. 어떻게 그 돈을 쓸 지에 대해 생각나는 대로 이야기를 하게 하라. 아마도 집 뒤뜰에 올림픽 규격의 수영장을 짓거나 친구들 20명을 비행기에 태워 디즈니랜드로 데리고 가는 식의 환상적인 아이디어들이 나올 것이다. 그 다음에는 그 꿈을 모두 실현시키기 위해 얼마의 돈을 써야 할지를 계산해 보게 한다. 이제 얼마가 남았는가? 그런 식으로 살면 얼마나 오랫동안 살 수 있을까? 그들의 계산이 너무 부정확하면 옆에서 가능한 한 현실적인 계산이 되도록 도와준다.

이제 그만큼의 돈을 스스로의 힘으로 벌려면 어떤 계획을 어떻게 세워야 하는지를 말해 주도록 한다. 세금으로 얼마를 내고 교회에는 얼마를 헌금해야 할지, 나중에 집이나 자동차를 사고 교육을 받기 위해 얼마가 필요한지, 그리고 은퇴 후에도 필요한 만큼 쓸 수 있으려면 얼마가 필요한지 스스로 결정할 수 있도록 도와 주라. 이 게임은 자녀들에게 1달러의 가치를 가르쳐 주는 데 아주 효과적인 방법이다.

2장 벼락부자 환상의 시작

1장에서 우리는 돈 문제에 대해 무지하게 된 요인들을 검토하였다. 이 장에서는 벼락부자 환상을 촉진시킨 특별한 사회적 영향 요인들에 대해 더 생각해 보자.

어떻게 해서 우리의 자녀세대는 이러한 성향을 가지고 자라게 되었는가?

우리 조부모 세대는 무엇인가를 얻으려면 먼저 돈을 벌어야 한다는 것을 알고 있었다. 아무도 그 규칙을 뛰어넘을 수 없었고 아무도 그들에게 원하는 것을 거저 주지 않았다. 물론 그들도 그런 것을 기대하지 않았다. 그들은 기꺼이 열심히 일했고 그들 스스로 자신의 삶을 가꾸어 나갔다. 이런 상황은 1930년대까지 계속되었다.

그런데 오늘날 사람들은 새차를 사기 위해 저축할 생각을 하지 않는다. 누군가 자동차를 원하면 돈을 빌려 그것을 살 수 있다. 예전에는 싼 집을 사고, 그걸 고쳐서 팔고, 조금 더 비싼 값을 받아 다른 집으로 이사를 가곤 했었다. 그렇게 세 번 쯤 이사해야 정말로 원하던 집을 살 수 있었다. 그 때쯤 되면 집주인은 나이가 들고 좀 더 안정되고 더 많은 재산과 책임감을 가지고 큰 집을 관리할 수 있게 된다. 그러나 요즘 젊은 세대는 처음부터 바로 자기들이 원하는 집을 사기 때문에 융자금액을 갚아 나가느라 애를 먹는 경우가 많다.

　잠언에서도 벼락부자가 되려는 성향에 관해 이야기하고 있다. 우리는 그런 모든 성향을 가지고 있다. 가령, 우리는 공짜로 어떤 것을 원하며, 우리가 벌지 않은 것도 가질 자격이 있다고 생각한다.

　무엇이 이런 변화를 초래했는가? 우리가 1장에서 논의한 세 가지 요인, 그리고 그들이 우리 사회에 미친 영향이 이것과 관련되어 있다. 돈나무 환상이 '빨리 벼락부자가 되려는 성향'을 위한 토양을 마련하는 역할을 했다. 그것은 아이들이 직접적인 경제원칙을 보고 경험할 수 없게 만들었다.

　'의존심리'는 우리 사회의 사고 방식을 '일하는 자가 대가를 얻는다'에서 '정부가 우리를 보살펴야 하고 우리는 그럴만한 자격이 있다'는 생각으로 바꾸었다. 그 요소가 '빨리 벼락부자가 되려는 성향'을 위한 씨앗을 뿌린 셈이다.

　'빚쟁이 근성'은 우리와 우리의 자녀들이 화폐가 교환의 수단이라는 점을 경험할 수 없게 만들었다.

　그러나 오늘날의 젊은이들을 돈 문제에 무지하게 만드는 데 물을 준 요소는 빨리 벼락부자가 되려는 성향이다. 그런 벼락부자 성향을 촉진한 다른 요인들은 무엇일까?

촉진요인 1: 상업광고

　우리는 광고업자나 이 절에서 언급할 다른 문화적 요소들이 우리와 우리 자녀들을 속이거나 파괴시키고 있다고 말하려는 것은 아님을 미리 말해 두고자 한다. 광고업자들은 단지 그들의 직업을 수행하고 있을 뿐이다. 그들 대부분은 그들이 말하는 방식이 우리가 우리 삶을 제대로 작동하지 못하게 하는 방향으로 작용한다는 사실을 모르고 있다. 다른 모든 사람과 마찬가지로 그들도 자신의 삶에서 동일한 실수를 하고 있는 것이다.

광고는 어떤 상품과 서비스의 존재와 그 장점을 알리기 위해 시작되었다. 소비자로서 우리가 어떤 상품이 필요하면 누군가 다른 이에게서 그것을 사면 된다.

그러나 광고의 메시지는 점점 변하기 시작했다. 이전에는 상품의 존재를 알리는 것이 목적이었지만 이제는 우리가 전에 들어본 적도 없는 상품이 필요하다는 것을 우리에게 설득시키는 것을 목적으로 하고 있다. '필요한 것을 발견하고 충족시키는' 대신에 '없던 욕구를 만들어내고 그것을 충족시키는' 것이 된 것이다. 상품 공급자들은 소비자들에게 그들의 욕구와 문제, 그리고 그 해결책인 상품에 대해 계속 이야기한다. 우리는 우리의 위대한 국가가 우리 삶의 중요한 문제들, 가령 프라그, 치경(잇몸병의 일종), 욕조의 때, 콧물, 무좀, 입안 세균, 우울증, 기저귀 발진 등을 해결해 준다는 데 대해 자랑스러워 할 수도 있다.

이 문화에서 우리는 광고를 좋아하는 법을 배우지 않을 수가 없다. 광고는 기묘한 놀이가 되어버렸다. 그러나 광고는 여기에서 멈추지 않는다. 최근에 광고는 유쾌하지 않은 다른 접근방식을 취하기 시작했다. 다음 광고를 보자.

유럽에서 신혼여행 중인 젊은 부부가 '부와 명예'라는 쇼에서나 나올 것 같은 최고급의 호화호텔로 가는 길로 들어선다. 그들은 조심스럽고 흥분된 표정으로 미소를 지으며 서로를 쳐다본다. 한 사람이 말한다. '당신 정말 이럴 여유가 있는 거야?' 상대방이 대답한다. '우리가 이러지 못할 이유라도 있어?' 다음 장면은 두 사람이 신용카드를 이용하여 그 호텔에서 체크인하는 장면이다.

그 광고에서 전하고자 하는 메시지는 무엇인가? 당신은 당신의 재무상태와 무관하게 하고 싶은 것을 하거나 원하는 것을 살 수 있다는 것이다. 진짜 요점은 '당신은 그것을 가질만한 자격이 있어요. 이 순간을 즐기세요. 신용카드로 그것을 살 수 있어요' 라는 것이다.

휴가철에는 돈이 없어 집에 돌아가지 못하는 젊은이들에 대한 광고가 나왔었다. 그것은 그들이 처음으로 집을 떠난 여행이었다. 그 때 그들은 여행용 신용카드라는 존재를 발견했다. 그들은 그 카드로 집까지 돌아갈 비행기표를 사고 선물도 샀다. 그 카드대금은 6월까지는 갚지 않아도 되었지만 6월이 되면 그 빚을 갚기 위한 긴 장정이 시작되는 것이다.

상업광고는 사람들에게 '원한다면 무엇이든 가질 수 있다' 라는 철학을 심어준다. 그 대금을 갚아야 할 6월이 곧 다가와도 상관없다. 그저 지금 사고보자는 식이다. 광고는 이미 우리가 가지고 있던 '더 크고 더 좋은' 것을 추구하는 태도를 '더 많이' 추구하는 태도로 변화시켰다. 우리는 더 많이 가져야 한다. 누구도 우리 행동에 대해 책임이 없다. 우리는 원하는 것은 무엇이든 가질 수 있다. 실제로 우리는 그럴 수 있는 시대에 살고 있다.

광고는 우리의 구매행동에 따르는 책임, 즉 계속 할부금을 갚고 높은 이자를 물고 연체시의 불이익을 당하는 것 등에 대해 책임지지 않는다. 광고는 우리가 돈을 현명하게 관리하도록 해 주지도 않고 성경에 따라 살도록 해주지도 않는다.

몇몇 가구 판매자나 고가제품 판매자들은 특별세일을 광고한다. '지금 사시면 일 년 동안은 한 푼도 안 갚으셔도 됩니다.'

어떻게 그게 가능한가? 광고는 비싼 물건을 살 수 있는 부자들을 유혹하려고 하는 것이 아니다. 돈이 있는 사람은 상점에 가서 일 년 간의 이자가 포함되지 않은, 더 유리한 가격에 현찰로 가구를 살 것이다. 광고는 지금 돈이 없는 사람들에게 더 어필한다. 왜냐하면 그들은 어떻게 돈을 마련해야 할지에 대한 다른 대안이 없기 때문이다. 그들은 원하는 것을 '지금 당장 모두 가질 수 있다'라고 유혹하는 광고에 반응을 보이지 않을 수 없게 된다. 그렇다면 점차 증가하는 정부 빚처럼 그 빚도 그 스스로 관리가 될까?

불행하게도 빚은 비현실적인 그 어떤 것이 되어 가고 있다. 모든 사람이 당연하게 빚을 지고 있다. 누구도 그 빚에서 어떻게 벗어나야 할 것인지 신경 쓰지도 않고 또 알지도 못한다. 빚을 갚지 못할 경우 어떻게 될지에 대해서도 아무도 이야기하지 않는다.

촉진요인 2: 프로스포츠, 헐리우드 영화, 그리고 연예인

우리의 자녀들이 빚, 저축, 근면함, 예산생활, 계획적이고 현명한 소비 등 돈 문제에 대한 적절한 해법을 배우지 않는다면 다른 무엇을 배울 수 있겠는가! 우리 자녀들과 그 주변의 모든 이들은 자신이 돈에 관한 문제를 겪고 있다고 믿고 있다. 그들이 인식하고 있는 문제란 간단하다. 즉 돈이 충분하지 않다는 것이다. 그렇다면 해결책은 이것이다. "더 많이 벌어라."

자, 이제 어떻게 더 벌 것인가? 그걸 알려면 주변의 사례들을 좀 살펴보아야 할 것이다. 그들이 보는 사례들, 즉 대중매체에서 보여주는 사례들은 배우나 프로 운동선수 그리고 가수들의 사례들이다. 좀 더 최근에는 주식시장을 통해 하룻밤 사이에 갑부가 된 젊은이들의 사례들도 여기 포함된다.

인기 가수 : 음반산업은 자녀들에게 공짜로 돈을 벌 수 있다는 생각이 들게 만드는 것들 중 하나이다. 어른들 사이에서는 가수들이 부자가 된다는 것은 농담에 지나지 않았다. 오히려 좋은 음악인이 된다는 것은 돈을 많이 버는 것과는 거리가 멀었다. 그러나 요즘 아이들이 보는 것은 무엇인가? 그들은 '와, 그 스타는 돈 문제를 해결했어' 라고 생각한다.

우리 사회는 돈이 많아야 돈 문제를 해결할 수 있다고 가르친다. 우리의 욕구를 충족시키기 위해 더 많은 돈이 필요하다고 가르친다. 그러나 사실은 그렇지 않다. 가령, 프로 운동선수를 생각해 보자. 그들은 대체로 많은 돈을 번다. 위에서 말한 '진실'에 따르면 그들은 아무런 돈 문제도 없어야 한다. 그러나 사실은 그 반대이다. 그들은 많은 돈 문제를 겪고 있다.

프로 운동선수 : 과거에 나 래리는 운동선수들을 위한 세미나에 여러 번 참석했었다. 내 세미나는 항상 돈 문제를 가진 사람들로 만원이었다. 그들 대부분은 어떻게 하면 세금을 덜 낼 수 있는지에 대해 알고 싶어했다. 그러나 그들 중 예산에 따라 사는 사람은 아무도 없었다.

그들 대부분은 21세에서 25세 사이의 남자로 이제까지 하고 싶은대로 하고 산 사람들이었다. 여러 학교가 경쟁적으로 그들의 주의를 끌려고 노력했고 그들은 학교에 다니는 동안 사고 싶은 것을 사고 갖고 싶은 것을 얻었다. 그러나 그들은 자신이 번 재산을 관리하는 데 아무한테서도 도움을 받지 않았다. 사실 그들의 낮은 재무 I.Q.는 돈이 모든 문제를 해결한다고 믿게 하는 사회적 증거이다.

우리 사회에서 재무문제에 대한 무지는 아주 보편적이다. 어떤 사람은 경제학 박사학위를 따고도 어떻게 수표책의 대차대조표를 맞추는지를 모른다. 그는 경제의 전반적인 변화경향을 잘 분석하지만 어떻게 예산을 짜고 신용으로 자동차를 구매하는지는 모른다. 운동선수들도 예외가 아니다.

운동선수들의 질문은 그들이 어떻게 하면 큰 집에서 멋진 차를 굴리며 근사한 휴가를 갈 수 있는가, 그리고 죽을 때까지 돈을 쓸 수 있는가 하는 것이다. 그들은 정작 중요한 것을 놓치고 있다. 그들의 생활방식은 그들을 가난하게 만들고 있다.

중요한 점은 이들 젊은 운동선수들이 결국 돈이 돈 문제에 대한 해결책이 아니라는 점을 깨닫게 되고 큰 충격을 받는다는 것이다. 많은 돈을 벌어도 그것을 어떻게 관리하는지를 배우지 않은 사람들은 돈을 잘 벌지 못한 사람들보다 더 많은 빚을 지고 생애를 끝내기 쉽다. 사실상, 중간 정도의 소득을 가지고 있으면서 성경의 가르침에 따라 돈을 관리하는 사람들이 훨씬 부자가 되고 미래를 위해 더 많은 돈을 비축하게 된다.

돈이 문제를 해결한다는 식의 태도를 어떻게 바꿀 수 있을까? 첫째, 우리 자녀들은 더 많이 벌기 위해서는 더 부지런해지거나 더 현명해지는 수밖에 없다는 것을 알아야만 한다. 둘째, 소득의 크기와 상관없이 적절한 재무관리가 부자가 되기 위한 핵심이라는 것을 알아야 한다.

운동선수들은 프로 스포츠계에 입문하기 위해 열심히 일한다. 그러나 그들도 하루 아침에 거저 부자가 된 것은 아니다.

다음은 전국농구협회가 제공한 미래의 농구스타들에 대한 재미있는 통계들이다.

- 고교 3학년 농구선수 중에서 2.7%만이 대학에서 선수로 뛴다.
- 이들 중 절반이 장학금을 탄다.
- 100명의 대학 선수 중 프로스포츠에서 1년 이상 뛰는 사람은 3명 미만이다.

- 대부분의 프로선수들의 선수 수명은 3년에서 4년 정도이다.
- 한 해에 NBA 소속으로 뛰는 정규선수는 겨우 348명이다.
- 프로 운동선수 6명 중 1명만이 그들의 선수생활이 끝날 때까지 결혼생활을 유지한다.
- 프로 운동선수의 이혼율은 전국 평균 이혼율보다 5배나 높다.

우리는 이미 이혼의 가장 큰 이유가 돈 문제라는 것을 이야기한 바 있다. 돈 문제가 더 많은 돈을 버는 것으로 해결되는 것은 아니라는 점은 분명하다. 사실, 낮은 재무 I.Q.를 가지고 있으면 더 많은 돈이 오히려 문제를 악화시킬 뿐이다.

위에서 본 불행한 통계는 백 명의 운동선수 중 오직 한 명만이 넉넉한 상태에서 선수생활을 끝낸다는 것을 말하고 있다. 돈 문제에 대한 진실을 잘 알고 너무 늦기 전에 방법을 찾으려는 사람만이 행복한 말년을 맞을 수 있다.

예를 들어보자. 애틀랜타 팰콘 팀의 라인백인 그레그 브리지나는 미국 내셔널 풋볼리그에서 6년 동안 선수생활을 했다. 그는 일 년에 15만에서 20만 달러를 벌었다. 그는 70년대에 애틀랜타가 미국 내셔널 풋볼리그에서 우승할 때 MVP로 뽑혔었다. 그러나 그 때 그는 집과 자동차 할부금을 다 못 낸 상태였다. 그는 거액의 융자를 받아 세금이 많이 부과되는 부동산에 투자했다. 만일 융자금 상환일에 그 융자금을 상환하지 못하면 그는 빚쟁이가 될 상황이었다.

그레그의 아내였던 코니는 돈을 통제하려고 노력했다. 그레그는 그리스도인이 되었고 상황을 변화시켜 보려는 코니의 결정에 동의했다. 그들은 래리의 재무관리 수업을 수강했고 나중에는 재무상담사에게 갔다.

그레그와 코니는 예산을 짜기 시작했고 긍정적으로 여러 단계를 해결해 나갔다. 우선 쇼핑을 멈추고 땅을 사고 거기에 그들의 예산에 맞는 중간 크기 정도의 집을 지어 이사했다. 3년 만에 그들은 집값과 자동차 비용을 모두 갚을 수 있었다.

그레그가 선수생활을 그만두었을 때 그들은 은행에 적지 않은 예금, 그리고 융자금을 모두 갚은 집과 자동차를 가지고 있었고, 하고 싶은 일을 뭐든지 할 수 있을 정도의 재산을 가지게 되었다. 그레그는 하나님께서 자신을 성직자로 부르셨다는 느낌을 가졌다. 그들은 지금 가족간 의사소통을 가르치면서 수만 가족들의 생활에 영향을 미치고 있다. 그들이 이렇게 할 수 있었던 이유는 그들이 빚더미의 순환고리를 끊고 성경에 따라 돈 문제를 이해하려 했기 때문이다.

다른 예로 저 유명한 카림 압둘 자바를 들 수 있다. 그는 NBA역사상 누구보다도 선수생활을 오래 했고 그 동안 거의 1억 달러 가까운 액수를 벌었다. 그러나 은퇴했을 때 그의 수중에는 갚아야 할 거액의 세금 외에는 한 푼도 남아 있지 않았다.

헐리우드 배우 : '헐리우드 스타들의 운명'은 어떨까? 우리 자녀들은 그들의 문화에서 큰 영향력을 행사하는 헐리우드의 예에서 무얼 배울까? 최근에 10대의 많은 팬을 가진 아주 유명한 한 배우에게 영화출연료로 천만 달러를 받은 것에 대한 소감을 물었다. 그의 대답은 어땠을까? 대답은 '결코 충분하다고 생각하지 않아요'였다.

지금 이 대답은 참견 잘하는 기자에게는 빠르고 재치있는 응답으로 들렸을 것이다. 그러나 우리는 이 대답이 돈 문제에 대한 헐리우드식 해결책을 요약해 주는 것이라고 생각한다. 이는 프로 운동선수들이 우리 자녀들에게 주는 것과 같은 답이다. 즉 '더 많이'가 문제를 해결한다는 것이다. 거기에는 '그저 열심히 일하라, 그러면 적절한 시기에 적절한 위치에 있게 될 것이다' 라는 원칙을 보여주는 아무 공식도 없다.
　여러 해 전에 한 배우가 파산했다. 그는 비버리힐즈의 호화주택가로 차를 몰고 가서 차를 세우고 자기 자신에게 지불할 천만 달러짜리 수표를 끊은 다음 거기에 지불날짜를 적었다. 그 약속한 해가 되었을 때 우연히도 그는 천만 달러짜리 계약을 하게 되었다. 이것은 결단과 근면함의 효과에 대한 증거가 될 수도 있다. 그러나 언론은 그 우연에 대해서만 떠들어대고 그 일을 무언가 신비스러운 것으로 왜곡시켰다. 많은 어린이들 사이에 '자기 자신에게 지불할' 수표를 끊는 것이 유행했다. 아마 말로 분명하게 듣지는 않았지만 아이들은 더 많이 버는 것이 돈 문제를 해결하는 것이라는 것을 다시 한 번 배운 셈이다. 더 많은 돈을 갖는 것과 재무원칙과는 아무런 상관이 없는데도 말이다.

〈자녀와 함께 해봅시다〉

직업 가치 판단 게임(8세 이상에게 적용)

　이미 설명한 대로 가수나 운동선수나 배우들이 지나치게 많이 벌고 있다는 사실에는 많은 사람들이 동의할 것이다. 여기 여러분과 여러분 가족의 생각을 바로잡을 수 있는 기회가 있다. 자녀들과 함께 생각나는 대로 직업 열 가지를 쓴다. 이 때 대통령이나 사장 그리고 식당 접시닦이까지 여러 직업을 포함해 보도록 한다. 그리고 만 달러부터 백만 달러까지 수입을 열 개 등급으로 나눈다. 그 다음에는 각 직업과 그 직업에 종사하는 사람이 받으면 적당하다고 생각되는 액수의 수입을 연결해 보도록 한다.
　그 결과에 대해 토론하라. 자녀들은 각 직업에 적당한 수입의 크기를 결정하기 위해 어떤 요소들을 고려했는가? 교육수준인가, 경력인가? 일의 어려움인가? 아니면 업무의 희소성인가? 자녀들에게 다시 이들 요소를 고려하여 직업과 수입을 연결해 보게 하라. 이같이 논의된 기준에 따르면 가수나 운동선수 그리고 배우들에게 적당한 수입은 어느 정도인가?

촉진요인 3: 주식시장

1996년 2월 19일 타임지는 '빨리 부자가 되는 법' 이라는 제목의 표지 기사를 실었다. 그 표지는 빨리 부자가 되고자 하는 독자들의 관심을 끌었다. 그 기사는 주식시장의 마술로 하룻밤 사이에 갑부가 된 비교적 젊은 사업가들에 대한 내용이었다.

겉표지의 사진은 인터넷 소프트웨어인 네스케이프 사(社)의 천재인 마크 안드리센이었다. 마크는 24세였다. 네스케이프 사가 상장되기 전 그는 이익을 낸 적이 없는 회사의 지분을 소유하고 있었다. 주식시장 상장 후 그의 소유분의 가치는 5,800만 달러까지 치솟았다. 그 기사가 쓰여질 무렵 그가 가진 주식의 가치는 1억 1,300만 달러였다.

이 기사는 갑작스런 백만장자와 억만장자의 등장을 아주 잘 설명하고 있었다. 그 기사가 그렇게 보인 이유는 그가 가진 주식의 얼마가, 언제 현금화될 수 있는지에 대한 규칙이 소개되어 있었기 때문이다. 그 기사는 갑자기 부자가 된 사람들에 대한 사회의 시각 변화에 대해서도 언급하고 있었기 때문에 내 주의를 끌었다.

역사적으로 갑작스럽게 부자가 된 사람들은 대중의 경멸을 받았다. 무언가 불공정한 일을 했거나 다른 사람을 이용한 것으로 간주되었기 때문이다. 1980년대 초까지만 해도 이런 의식이 팽배했었다. 그러나 지금 이 사회는 이런 사람들에게 박수를 보낸다. 왜냐하면 이 사회시스템이 모두에게 공평한 보상의 기회를 주기 때문이다. 그들은 부자가 될 만한 어떤 일을 했을 거라고 간주된다. 오늘날 주식시장의 많은 부분은 몇 십 년 전과 마찬가지의 전제 하에 움직이고 있는데도 말이다. 우리는 대중의 이런 태도변화가 부자에 대한 사회의 시각이 변화했기 때문이라고 생각한다. 그들은 뜻밖의 대성공을 거둔 것이다. 우리는 그들이 자물쇠를 성공적으로 열 열쇠를 발견했기 때문에 성공했다고 믿고 박수를 치는 것이다. 물론 그 자물쇠는 거액의 금고로 통하는 문의 자물쇠이다. 이것은 모든 돈 문제가 끝나고 진작 그랬어야만 했던 바로 그 환상적인 생활이 시작되는 것을 의미한다.

그러나 우리가 이제까지 봐온 대로 이것도 사실이 아니다.

촉진요인 4: 복권

아마도 우리 사회의 벼락부자 욕망에 물을 주고 거름까지 주는 가장 큰 요소 중의 하나는 복권일 것이다. 우리 사회에서 복권은 아주 흔한 상품이다. 기회의 게임을 즐기지 않는 사람에게는 생활의 아주 작은 부분에 불과하지만 말이다.

오늘날 복권은 우리 일상생활의 일부이다. 지금 미국에는 36개 주와 워싱턴시에서 복권을 허용하고 있다. 1993년에는 복권구입액이 거의 310억 달러에 달했는데 이는 1992년에 비해 20.8%가 증가한 것이다.

어떤 복권의 당첨금이 새로운 최고액을 경신하면 모든 사람들이 그 복권에 대해 이야기한다. 대중매체는 그 복권에 대한 보도를 하고 복권에 냉소적이던 사람들조차도 '재미삼아' 한 번쯤은 복권을 사게 된다. 복권에 대한 광고는 어디서나 볼 수 있다. 광고주들은 어떻게 해야 사람들에게 영향을 미칠 수 있는지 알고 있다. 그것은 많은 사람들이 원하는 꿈을 먼저 제시하고 복권을 그 꿈에 연결시키는 것이다.

광고주들은 광고를 통해 모든 사람들에게 '나는 그것을 얻을만한 자격이 있다 - 단번에, 그리고 심지어 외상으로라도' 라는 인식을 확장시키고 있다. 최근에는 '내가 당첨될 것이다. 왜냐하면 이젠 내 차례이므로' 라는 식의 광고가 대대적으로 행해진 적도 있다. 이 모두가 '나는 이제 그것을 얻을만한 자격이 있다' 라는 인식을 확산시킨다.

거지에서 갑부가 되는 벼락부자 환상은 점차적인 진보라는 하나님의 섭리를 거스르는 것이다. 하나님의 원리는 우리가 작은 것에 충성할 때, 좀더 큰 것을 맡게 된다는 것이다. 잠언 11장 28절에는 "자기의 재물을 의지하는 자는 패망하려니와 의인은 푸른 잎사귀 같아서 번성하리라" 라는 말이 나온다. 우리가 복권당첨을 문제의 해결책으로 생각하거나 심지어 하나님의 뜻으로 생각한다면 우리가 만든 해답은 '더 많은 돈을 버는 것' 이다. 그것이 벼락부자 환상의 핵심이다.

우리 사회에서 그리고 대중매체를 통해서 자녀들이 배우는 것은(그들은 배우고 있다는 것을 깨닫지도 못하고 있겠지만) 무엇이겠는가? 하나님의 뜻과 반대되는 어떤 사고방식이 그들의 뇌리에 새겨진다면 그 결과는 무엇이겠는가? 하나님의 의지와 반대되는 씨앗을 뿌린 후 추수를 할 때 그제서야 하나님을 원망하게 되는 것은 얼마나 우스운 일인가? 사람들은 '하나님, 저는 이 어려운 난국을 헤쳐 나가야 합니다. 그러니 제게 무엇인가를 좀 가르쳐 주세요' 라고 기도한다. 그러나 결국 우리는 우리가 취한 행동의 당연한 결과를 보게 될 뿐이다. '더 많은 돈' 이 해답은 아니다.

한 사회에서 더 많은 돈이 사회적 문제를 해결할 것이라고 해 보자. 점점 더 많은 주들이 공공사업과 공공 프로젝트 그리고 교육자금을 마련하기 위해 도박과 카지노를 합법화할 것이다. 이들은 '일하지 않고도 부자가 될 수 있다'는 벼락부자 환상을 촉진시킨다.

　불행하게도 카지노의 증가는 범죄와 다른 사회문제를 야기시키고 있다. 범죄율이 증가하고 가족유기와 폭력 같은 가족문제가 증가하면 경찰력도 증가되어야 한다. 공공의 이익을 위해 증가시킨 이런 도박기업들은 그들이 야기시킨 문제를 해결하기 위해 오히려 주정부나 시의 지출을 낭비하게 만든다.

　실제로 거의 모든 인디언 보호구역이 카지노를 가지고 있다. 처음에 그들은 더 많은 돈을 가지게 되면 자신들의 문제가 줄어들 것이라고 생각했었다. 그러나 실제는 그 반대이다. 한 번은 저자가 라디오 프로그램을 진행하고 있는 동안 한 여인이 전화를 걸었다. 그녀는 카지노에서 일하면서 다른 사람들처럼 수익금으로 한 달에 4만 달러 정도를 받고 있었다. 그러나 그 지역의 문제는 이전보다 더 많아졌다. 돈은 문제를 해결하지 못했고 오히려 사태를 악화시켰다.

　'거금을 쥐는 것'이 돈 문제에서 자유롭게 된다는 것을 보장하는 것이 아니다. 사실 돈은 문제를 악화시키는 경우가 더 많다. 돈이 많든 적든 그 돈으로 무엇을 하느냐가 문제인 것이다.

　1장에서 언급한 현대의 가족인 윌슨 씨네 얘기로 돌아가자. 그들은 나초(멕시코 음식의 일종: 역자 주)나 맛있는 햄버거, 그리고 쵸코 아이스크림 케이크가 가득한 어떤 식당에 앉아 있다. 그들의 대화는 돈에 대한 것이다.

　"리안, 너 꼭 풋볼팀에 남아 있어야 해. 거기서 최고가 되는 게 너의 길이야"라고 아이스크림을 먹으며 아빠가 말한다.

　"야호! 그러면 오빠가 버는 돈을 가지고 우리 근사하게 살 수 있겠는데"라고 채리티가 소리친다.

"아빠, 저는 복권에 당첨될 거예요. 나는 그 방법을 알고 있어요. 그런데 왜 위험하게 풋볼을 계속해야 하죠?" 리안이 묻는다.

"오늘밤 추첨하는 그 거액복권 말이냐? 우리가 계획했던 것보다 더 큰 축하파티를 해야겠구나." 부인도 거들 것이다.

"와, 생각만 해도 멋지지 않아요?" 리안은 흥분할 것이다.

대화는 복권 당첨금 26만 달러 중 각자의 몫이 얼마이며 또 그걸로 무엇을 할 것인지로 옮아갈 것이다. 채리티는 그 돈으로 록밴드를 조직해 운영하겠다고 말한다. 그러면 그녀는 정말 큰 돈을 벌 수 있을 것이다.

논쟁은 계속 되었다. 리안은 그의 생각을 이야기한다. "야, 좋은 생각이 났어. 진짜로 돈을 벌고 싶으면 내 말을 들어봐. 나는 인터넷에서 복권을 파는 첫번째 사람이 될거야. 복권 소프트웨어를 만들 줄 아는 사람을 고용해서 세상의 모든 나라에 그 프로그램을 팔겠어. 계약을 마치면 나는 하룻밤 사이에 백만장자가 되는 거야. 어때? 진짜 좋은 생각이지?"

너무 많이 먹은 타일러는 우물쭈물하면서 아빠의 어깨에 매달려 묻는다. "아빠, 나무에서 열리는 건 월급이에요 아니면 진짜 돈이에요?"

모두가 웃음을 터뜨리고 윌슨 부인이 말한다. "걱정 마라, 얘야. 네가 그런 일에 관심을 가져야 될 만큼 크면 네게 필요한 모든 것을 가질 수 있게 될 거야."

공상을 좇는 이 가족 모두가 음식값을 지불할 돈을 찾는 장면으로 넘어가 보자. 채리티의 신용카드는 사용이 중지된 상태인 것으로 드러나 음식값 지불에 쓸 수가 없게 되었다. 타일러는 최근에 할머니가 주신 용돈을 아무도 모르게 저축하고 있었는데 그는 착하게도 음식값을 지불하도록 그 돈을 내놓았다. 다행히도 그 돈은 음식값을 지불할 수 있을 만큼 많았다.

지금까지 우리 사회의 낮은 재무 I.Q.에 기여한 요인들을 살펴보았다.

한 가지 다행한 일은 우리 사회에서 벌어지고 있는 일들을 우리가 볼 수 있는 것처럼 우리의 자녀들에게도 그것을 깨닫도록 도와줄 수 있다는 것이다. 하나님의 가르침과 지혜에 맞추어 생활하도록 노력하고 아이들에게도 그렇게 가르친다면 우리는 하나님의 은총을 기대할 수 있다. 우리는 파멸에 이르는 잘못된 시스템에 의존할 필요가 없게 될 것이다. 더 중요한 것은 하나님을 믿고 따르도록 자녀들을 훈련시키는 것이다. 그렇게 하면 미래에 어떤 일이 일어나든 우리는 변하지 않는 안전한 하나님의 품에서 안식과 자신감을 얻을 것이다.

연습문제

1. 여러분 가족들의 재무 I.Q.는 얼마인가? 재무 I.Q.가 낮다면 어떤 문제가 일어나겠는가? 가족들이 좀더 잘 알고 있어야 할 문제들에 대해 이야기해 보자.

_____
_____

2. 대부분의 미국인들은 이제 더 이상 앤더슨 씨처럼 농장에서 살지 않고 돈을 유리병 속에 모으지도 않는다. 그럼에도 불구하고 오늘날처럼 변화가 빠른 시기에 앤더슨 씨의 태도와 습관에서 우리가 배워야 할 것이 있다면 무엇이겠는가?

_____
_____

3. 여러분 자신이나 가족에게 의존심리와 빚쟁이 근성이 나타난 적이 있는가? 그 때의 상황은 어땠는가? 그러한 유혹을 견디기 위해 어떤 일을

할 수 있을까?

_____

_____

4. 앤더슨 씨네 자녀들은 일을 해야 돈을 번다는 논리를 분명하게 알고 있다. 그러나 오늘날의 어린이들은 어떻게 가족이 먹고 사는지에 대해 아무런 생각도 가지고 있지 않다. 그런 생각을 하지 못하게 만드는 것이 무엇인가? 가족과 함께 이야기하라.

_____

_____

5. 가족이나 친구들이 벼락부자 환상이나 나는 어떤 것을 가질만한 때가 되었다는 식의 태도에 영향을 받는 경우를 나열해 보라. 언제 그런 유혹을 받았는지, 어떻게 그 유혹을 뿌리쳤는지 토론해 보도록 한다. 장기적인 목표를 이루기 위해 어떤 현실적인 계획이 필요한가?

_____

_____

6. 오늘날 대부분의 미국인들은 빚쟁이 근성을 가지고 있다. 이 태도는 정확하게 어떤 것인가? 이런 태도 때문에 문제를 겪은 적이 있다면 무슨 일이 일어났었는지, 그리고 그 일에서 무엇을 배웠는지 이야기해 보라. 그 유혹을 피했다면 어떻게 피했는가?

_____

_____

7. 오늘날에는 돈을 많이 벌거나 갑자기 부자가 되는 것이 인간의 모든 경제적 문제를 해결해 줄 것이라는 믿음이 널리 퍼져 있다. 왜 이 믿음이 사실이 아닌가에 대해 논의해 보라.

_____

_____

2부

자녀교육에 대한 부모의 의무

3장 진짜 책임져야 할 사람

영생을 위한 하나님의 말씀

　누가복음(15:11~21)에 나오는 탕자의 비유를 보면 집 나간 탕자가 돈을 가지고 무엇을 했는가를 설명하면서 탕자의 심정을 이야기하고 있다. 우리는 부모로서 돈 문제에 대해 자녀를 가르쳐야 하지만 먼저 그들에게 삶의 방향을 안내하고 도와주어야 한다. 그리고 그 때 하나님과의 관계를 발전시키도록 하나님의 말씀과 원리를 기본으로 삼아야 한다.

　여러분이 자녀들에게 어떤 것을 하라고 설득시켜도 다른 사람들이나 사회가 그것을 단념하도록 자녀들을 다시 설득시킬 수 있다. 그러므로 우선 자녀의 기본 가치관을 길러주는 데 관심을 집중하는 것이 필요하다. 아이들은 성경이 인생의 기본 지침서라는 것과 그들이 성경 말씀에 기초해 살아야 한다는 것을 가슴깊이 체득할 필요가 있다.

　"그러나 너는 배우고 확실한 일에 거하라 네가 뉘게서 배운 것을 알며 또 네가 어려서부터 성경을 알았나니 성경은 능히 너로 하여금 그리스도 예수 안에 있는 믿음으로 말미암아 구원에 이르는 지혜가 있게 하느니라 모든 성경은 하나님의 감동으로 된 것으로 교훈과 책망과 바르게 함과 의로 교육하기에 유익하니 이는 하나님의 사람으로 온전케 하며 모든 선한 일을 행하기에 온전케 하려 함이니라"(딤후 3:14~17).

　하나님은 또 말씀하셨다. "자녀들아 너희 부모를 주 안에서 순종하라. 이것이 옳으니라 네 아버지와 어머니를 공경하라 이것이 약속있는 첫 계명이니 이는 네가 잘 되고 땅 위에서 장수하리라 또 아비들아 너희 자녀를 노엽게 하지 말고 오직 주의 교양과 훈계로 양육하라"(엡 6:1~4).

　우리는 부모로서 이 성경말씀의 첫번째 부분에 익숙하다. 왜냐하면 자녀들이 부모를 공경하고 부모에게 복종해야 한다는 사실을 예민하게 받아들이고 있기 때문이다. 사실 우리는 자녀들에게 이 구절을 말하고 싶어 한다. 또한 어떤 종류의 조건부 보상이 있음을 말하곤 해왔다. 자녀들이 부모에게 복종할 때만 그들의 삶은 올바른 것이라고 말하고 싶은 것이다. 우리는 자녀들이 우리에게 복종하면 하나님께서 그들에게 보상해 주리라고 가정하고 있다.

　이 말씀은 바울 사도가 신명기 5장 16절에 나오는 다음과 같은 구절을 인용한 것이다. "는 너의 하나님 여호와의 명한 대로 네 부모를 공경하라 그리하면 너의 하나님 여호와가 네게 준 땅에서 네가 생명이 길고 복을 누리리라" 바울은 새로운 교회에 맞게 '여호와께서 주시는 땅'(land; 약속의 땅 가나안)을 '땅'(earth)으로 바꾸었을 뿐이다. 그러나 그는 말씀 그 자체의 의미는 변화시키지 않았다.

　"이는 곧 너희 하나님 여호와께서 너희에게 가르치라 명하신바 명령과 규례와 법도라 너희가 건너가서 얻을 땅에서 행할 것이니 곧 너와 네 아들과 네 손자로 평생에 네 하나님 여호와를 경외하며 내가 너희에게 명한 그 모든 규례와 명령을 지키게 하기 위한 것이며 또 네 날을 장구케 하기 위한 것이라 이스라엘아 듣고 삼가 그것을 행하라 그리하면 네가 복을 얻고 네 열조의 하나님 여호와께서 네게 허락하심같이 젖과 꿀이 흐르는 땅에서 너희 수효가 심히 번성하리라"(신 6:1~3).

이 말씀은 그 문맥을 더 분명하게 설명해 주고 있다. 모세는 이스라엘 민족에게 그들이 하나님을 따르고 그의 뜻대로 살면 영생과 약속된 땅에서의 번성을 얻을 것임을 말하고 있다. 모세는 말한다. "하나님을 따르고 하나님께 복종하도록 자녀들을 가르쳐라. 그러면 그대들의 모든 일도 잘되어 갈 것이다."

바울이 에베소서에서 이 구절을 인용했을 때 그는 자녀들이 부모에게 순종하면 마술적인 어떤 보상이 오리라고 약속하지는 않았다. 거기에는 그런 보상에 대한 언급이 없다. 그는 모세가 말한 것과 같은 말을 하고 있다. "자녀들아 너희 부모를 주 안에서 순종하라." 다시 말해 우리가 하나님께 순종하고 그의 뜻에 따라 살며 자녀들을 그렇게 가르친다면 우리도 순종의 이익을 얻을 것이다. 에베소서 6장 4절은 자녀를 노엽게 하지 말고 대신 하나님의 교양과 훈계로 그들을 양육하라고 가르치고 있다.

자녀들을 노엽게 만드는 이유는 여러 가지가 있으나 그 중 가장 큰 것은 하나님의 말씀을 가르치지 않고 무조건적인 순종을 요구하기 때문이다. 우리가 가르치지 않는다면 그들은 왜 자신이 그래야 하는지 알지 못한다. 자녀들은 부모가 아닌 하나님께 순종함으로써 축복받는다. 그러나 자녀를 하나님 말씀으로 교육시켜 부모에 대한 순종이 곧 하나님께 대한 순종이 되게 만드는 것은 부모들의 책임이다.

이 중요한 임무는 왜 하나님께서 아브라함을 택하셨는지를 설명해 준다. 하나님께서는 하나님을 따라 사는 자녀를 키울 수 있는 부모로 아브라함과 사라를 택하셨다. 창세기 18장 18절과 19절을 보자. "아브라함은 강대한 나라가 되고 천하 만민은 그를 인하여 복을 받게 될 것이 아니냐 내가 그로 그 자식과 권속에게 명하여 여호와의 도를 지켜 의와 공도를 행하게 하려고 그를 택하였나니 이는 나 여호와가 아브라함에 대하여 말한 일을 이루려 함이니라."

이제 그 일은 우리에게 달려 있다

처음에 하나님께서 부모들에게 맡기신 유일한 사명은 자녀교육과 훈육이었다. 아담과 하와가 죄를 짓지 않았다면 아직도 그것이 유일한 사명이 되었을 것이다. 하나님께서는 이스라엘 민족에게 계속해서 말씀하셨다. "네 자녀들에게 하나님에 대해 가르쳐라." 그들이 이 계명을 잊을 때마다 그들은 그들이 일해 얻은 모든 것을 다음 세대에 잃었다.

아마 이스라엘 민족 중 가장 훌륭했던 세대는 여호수아 밑에 있던 사람들일 것이다. 그들은 약속된 땅을 얻었다. 그리고 약속된 땅에서 삶을 일구느라 바빴다. 그러나 그들 자녀들의 미래를 일구는 것은 잊어버렸다. "그 세대 사람도 다 그 열조에게로 돌아갔고 그 후에 일어난 다른 세대는 여호와를 알지 못하며 여호와께서 이스라엘을 위하여 행하신 일들도 알지 못하였더라 이스라엘 자손이 여호와의 목전에 악을 행하여 바알들을 섬기며 애굽 땅에서 그들을 인도하여 내신 그 열조의 하나님 여호와를 버리고 다른 신 곧 그 사방에 있는 백성의 신들을 좇아 그들에게 절하여 여호와를 진노하시게 하였으되 곧 그들이 여호와를 버리고 바알과 아스다롯을 섬겼으므로 여호와께서 이스라엘에게 진노하사 노략하는 자의 손에 붙여 그들로 노략을 당케 하시며 또 사방 모든 대적의 손에 파시매 그들이 다시는 대적을 당치 못하였으며"(삿 2:10~14). 그들이 자녀들에게 하나님에 대해 가르치지 않았을 때 그들은 약속된 땅을 잃게 되었던 것이다.

우리가 지적할 또 다른 하나는 성경에서 자녀 훈육과 교육에 대해 가르칠 때마다 그 책임은 100% 부모의 것이라고 못박고 있다는 점이다. 오늘날 팽배한, "나는 아이들을 교회에 보내요. 아이들의 정신을 바로잡으려구요"라는 식의 개념은 성경의 어디에도 없다. 자녀를 가르치는 것은 교회의 임무가 아니다. 교회는 자녀를 키우는 부모를 돕기 위해 존재하는 것이다. 우리가 자녀교육 문제를 교회에 의존한다면 주일마다 교회에 나가는 것만으로 정신적인 성장이 있기를 기대하는 어른들과 마찬가지로 아이들에게도 그 정도-아마도 거의 없거나 미미한 정도의-의 성장만을 기대할 수 있게 될 것이다.

더구나 성경에 따르면 돈 문제에 대해 자녀를 교육시키는 것은 교회의 책임도, 학교의 책임도, 정부의 책임도 아니다. 그 책임은 부모의 것이다. 성경은 우리의 안내자이고 하나님의 말씀을 따르라고 자녀에게 말하는 것만으로는 충분하지 않다. 왜 그리고 누구에게 어떻게 해야 하는지 등을 덧붙여 가르쳐야 한다.

한 통계에 따르면 오늘날 교회에 다니는 젊은이들 중 30%만이 고등학교 졸업 때까지 신앙생활을 한다고 한다. 한 복음주의 교단은 최근 조사 결과 그들이 자신의 자녀들을 복음화하는데만 성공했더라도 교단이 현재의 4배 정도로 커졌을 것이라고 발표했다.

갤럽 여론조사는 응답자의 85%가 18세가 되기 전에 신앙생활에 대한 결정을 하는 것으로 나타났다고 발표하였다. 그러므로 18세 이전의 이 시기는 그리스도의 몸이며 우리가 주목해야 할 나이이다.

우리가 때때로 자녀교육에 실패하게 되는 주요 이유들 중의 하나는 우리 스스로가 역사 속에서 어디쯤 있는지를 모르고 있다는 것, 그리고 우리 사회가 하나님의 가르침과는 너무 다른 방향으로 가고 있다는 것이다. 그리고 우리가 그것을 인식하게 되더라도 지배자이신 하나님보다 규칙과 이성을 가지고 전달하는 데 초점을 두게 되는 경우가 많기 때문이다.

규칙이며 이유이며 주재자이신 하나님

조시 맥도웰은 우리가 자녀들에게 어떻게 규칙을 가르치는지를 그림으로 그린 그의 '잘못을 통한 올바름 배우기'(right from wrong)라는 캠페인 자료에서 보여주고 있다. 조시의 딸 켈리는 학교에서, 선생님이 교실을 비운 동안 교실에서 무슨 일이 일어났었는지를 이야기하라고 하자 솔직하게 있었던 일들에 대해 대답했다. 조시는 다음날 아침식사 때 딸의 행동을 칭찬하고 급우들로부터 받을지도 모르는 비난에도 불구하고 바른 말을 한 것을 격려했다. 그런 다음 조시는 딸에게 물어보았다.

"켈리야, 거짓말은 왜 나쁘지?"

"성경에 그렇게 써 있으니까요"라고 켈리는 대답했다.

"왜 성경에서는 거짓말이 나쁘다고 했을까?"

"왜냐하면 그것은 하나님의 계명이거든요."

"그럼 왜 하나님께서 그런 계명을 만드셨다고 생각하니?"

"글쎄요. 모르겠어요"라고 켈리는 대답했다.

성경에서는 하나님은 사랑이라고 가르친다. 하나님께서 하시는 모든 일은 이타적이고 일방적으로 주는 일이다. 하나님께서는 우리가 우리에게 가장 좋은 방법으로 어떤 일을 하라고 가르치신다. 하나님께서는 모든 것을 창조하셨고 그것들이 어떻게 되어가고 있는지 알고 계신다. 하나님께서 거짓말하지 말라고 하신 것은 우리의 재미를 빼앗거나 우리가 선택할 대안을 제한하거나 아니면 다른 방식으로 선함을 주고 싶어 그러시는 것이 아니다. 거짓말은 다른 사람이 우리에 대해 가지고 있는 믿음을 파괴하기 때문이다.

서로간의 믿음의 상실은 인간관계를 파괴시키고 여러 기회를 제한한다. 거짓은 우리 삶을 복잡하게 만들고 모든 일을 기만적인 방식으로 되어가게 만든다. 나아가 우리는 다른 사람들도 우리처럼 거짓말을 한다고 생각하게 된다. 그러므로 거짓말은 사람들 사이에 서로 가까이 갈 수 있

> ### 모든 일을 행할 때마다 다음 3R을 명심하라
>
> #### 규칙(Rule)
> 규칙은 우리가 하거나 하지 않아야 될 어떤 것을 말한다. 예를 들면 "우리는 언제나 진실을 말해야 한다" 같은 것.
>
> #### 이유(Reason)
> 이유는 규칙에 대한 논거이다. 즉 왜 우리가 규범을 준수해야 하는지에 대한 이유를 말한다. 예를 들면 "우리는 언제나 진실을 말해야 한다. 왜냐하면 거짓말은 상호간 불신을 조장하고 관계를 깨뜨리기 때문이다."
>
> #### 주재자(Ruler)
> 모든 규칙과 이유의 기저에는 하나님과 하나님의 말씀이 계신다. 우리가 하나님의 방식을 따를 때, 언제나 일은 잘 되어가게 되어 있다. 예를 들어 "우리는 언제나 진실을 말해야 한다. 왜냐하면 하나님은 진리이시고 우리는 하나님을 닮은 존재이기 때문이다."

는 가능성을 파괴시키는 것이다.

반대로 믿음은 상호 신뢰와 인간관계, 사랑, 그리고 개방성을 촉진시키고 우리 모두에게 더 많은 기회를 제공한다. 하나님께서 그렇게 하라고 하시면 우리는 그렇게 해야 한다. "하나님께서 그렇게 말씀하셨기 때문에 한다"는 것은 우리가 하나님을 신뢰하고 있음을 의미한다. 하나님을 믿는다는 것은 하나님께서 우리를 이끌어 주시고 잘 돌봐 주시리라는 것

을 믿는 것이다. "또 아는 것은 우리는 하나님께 속하고 온 세상은 악한 자 안에 처한 것이며"(요일 5:19). 하나님께 대한 우리의 사랑과 믿음은 우리에게 넘쳐 흐르는 그의 자비와 사랑의 결과이다.

하나님은 자녀를 이렇게 키우라고 가르치신다. "자녀들아 너희 부모를 주 안에서 순종하라 이것이 옳으니라 네 아버지와 어머니를 공경하라 이것이 약속 있는 첫 계명이니 이는 네가 잘되고 땅에서도 장수하리라 또 아비들아 너희 자녀를 노엽게 하지 말고 오직 주의 교양과 훈계로 양육하라"(엡 6:1~4).

하나님께서는 자녀들에게 부모를 공경하고 부모에게 순종하라고 가르치셨다. 그러나 거기서 끝나는 것은 아니다. 하나님께서는 그 결과가 어떨 것인가도 말씀하고 계신다. "네가 잘되고 땅에서도 장수하리라."

자녀들은 구체적인 것들을 생각한다. 하나님께서는 그 구체적인 것들을 어떻게 가르칠 것인가에 대해서도 말씀하셨다. 성경은 "거짓말하지 말라"고만 가르치지는 않는다. 성경은 거짓말의 결과와 믿음의 이익에 대해서도 설명하고 있다. "거짓 증인은 벌을 면치 못할 것이요 거짓말을 내는 자는 망할 것이니라"(잠 19:9). "진실한 입술은 영원히 보존되거니와 거짓 혀는 눈깜짝일 동안만 있을 뿐이니라"(잠 12:19). "하나님께서 말씀하셨기 때문에"라는 말은 "부모인 내가 그렇게 말했기 때문에"라고 말하는 것보다 반드시 더 좋은 이유가 되는 것은 아니다. 성경에서 이미 부모에 대한 순종을 가르치고 있기 때문이다.

조시 맥도웰 목사는 "잘못을 통한 올바름 배우기" 캠페인을 준비하면서 1994년에 바르나 연구소를 통해 먼저 한 조사를 실시했다. 조사 대상은 13개 종파의 젊은이 3,795명이었다. 모든 응답자들은 그들이 다니는 교회에서 젊은이 대상 프로그램에 어느 정도는 참여하고 있는 사람들이었다. 그 조사의 주제는 사랑과 섹스, 결혼과 가족, 신앙과 종교, 태도와

라이프 스타일의 네 가지였다. 다음은 그 조사 결과의 일부분이다.

- 응답자 중 65%는 자신이 "거듭났다"고 생각한다. 즉 예수님께 대한 깊은 헌신을 표현했으며 죽은 후에 천국에 갈 것이라고 믿고 있다.
- 젊은이들의 응답은 '거듭나는' 경험 여부보다는 믿음에 대한 그들의 종교적 시각(예를 들어 절대적이고 객관적인 진리나 도덕적 표준과 같은)에 많은 영향을 받고 있다.
- 11명 중 한 명 꼴로 절대적인 진리 안에서 지속적으로 강한 믿음을 가지고 있다고 대답했다.
- 18세까지의 응답자 중 27%가 성경험을 가지고 있다.
- 응답자의 20%가 혼외 성관계도 도덕적일 수 있다고 응답했다.
- 거의 50%의 응답자가 결혼하지 않아도 사랑한다면 성관계를 해도 좋다고 응답했다.
- 일주일에 아빠와 함께 보내는 시간은 17분, 엄마와 함께 보내는 시간은 37분이었다.
- 62%가 가정은 안전하고 사랑으로 가득한 곳이라고 대답했다.
- 사랑하지 않는 부부는 이혼해야 된다는 대답이 2:1의 비율로 우세했다.
- 하나님은 전지전능하시며 아직도 오늘날의 세상을 지배하는 우주의 창조주라는 응답이 85%였다.
- 응답자의 40%는 어떤 종교가 절대적으로 옳은지는 누구도 증명할 수 없다고 믿고 있다.
- 5명 중 1명은 그리스도인이 되는 것이 특별한 것이 아니라고 믿고 있다. 즉 다른 종교보다 가르침이 더 옳거나 구원문제에서 더 확실하다고 생각하지 않고 있다.

- 5명 중 2명은 가끔은 거짓말이 필요하다고 대답했다.
- 6명 중 1명은 옳고 그름의 척도는 '그것이 말이 되는가?'의 여부라고 대답했다.
- 거의 50%의 응답자가 도덕적인 문제에서 어떤 선택을 할 때 느낌과 감정에 따른다고 답했다.
- 절대적인 진리를 믿는 젊은이들은 그렇지 않은 젊은이들보다 더 인생이 살만한 것이라고 생각하는 경향이 있다.

그 조사는 더 많은 다른 응답들을 분석했다(더 자세한 내용은 조시 맥도웰의 책, *Right from Wrong*을 참고하라). 그 결과는 젊은이들의 응답과 생각, 신앙, 그리고 행동에 영향을 미치는 가장 중요한 요인이 절대적인 진리와 도덕적 표준에 대한 믿음이라는 것을 지적하고 있다. 이 요인은 '거듭나는 경험'보다도 두 배 이상 강한 영향을 미치는 것으로 나타났다.

오늘날 교회에서 자라는 아이들은 절대적인 옳고 그름이나 하나님께서 우리에게 계명을 주신 이유에 대해서 배우지 않는다. 그러나 에베소서 6장에서 하나님이 주신 계명은 '하나님의 뜻대로 살 때 얻게 되는 결과'를 우리가 자녀들에게 말해 줄 필요가 있다는 것을 보여주고 있다.

자녀들에게 세상이 얼마나 망가졌는지 또 그 세상에서 하나님의 섭리가 어떻게 삶을 인도하는지 보여준 후에도 우리는 그들에게 또 하나의 중요한 것을 가르쳐야 한다. 자, 어떤 젊은 부자 유대인에 대한 이야기를 들어보자.

"어떤 관원이 물어 가로되 선한 선생님이여 내가 무엇을 하여야 영생을 얻으리이까 예수께서 이르시되 네가 어찌하여 나를 선하다 일컫느냐 하나님 한 분 외에는 선한 이가 없느니라 네가 계명을 아나니 간음하지 말라 살인하지 말라 도적질하지 말라 거짓증거하지 말라 네 부모를 공경하라 하였느니라 여짜오되 이것은 내가 어려서부터 다 지키었나이다 예수께서 이 말을 들으시고 이르시되 네가 오히려 한 가지 부족한 것이 있으니 네게 있는 것을 다 팔아 가난한 자들을 나눠 주라 그리하면 하늘에서 보화가 네게 있으리라 그리고 와서 나를 좇으라 하시니 그 사람이 큰 부자인고로 이 말씀을 듣고 심히 근심하더라 예수께서 저를 보시고 가라사대 재물이 있는 자는 하나님의 나라에 들어가기가 어떻게 어려운지 약대가 바늘귀로 들어가는 것이 부자가 하나님의 나라에 들어가는 것보다 쉬우니라"(눅 18:18~25).

이 이야기는 누가복음 외에 마태복음 19장과 마가복음 10장 등 세 개의 복음서에서 어린아이들을 축복하는 이야기가 나온 후에 바로 이어지는 흥미로운 이야기이다. 예수께서는 어린아이들이 가까이 오지 못하게 막는 제자들을 꾸짖으시면서 다음과 같이 말씀하셨다. "어린아이들이 내게 오는 것을 용납하고 금하지 말라 하나님의 나라가 이런 자의 것이니라"(눅 18:16)

바로 이 일이 있은 후에 이 일을 보다 명확하게 설명하기 위한 일례처럼 젊은 부자가 와서 예수님께 "선생님이여 내가 무엇을 해야 영생을 얻으리이까?" 하고 묻는 것이다. 예수님께서는 그에게 하나님 계명을 지키라고 가르치셨고, 그는 "이것은 내가 어려서부터 다 지키었나이다"라고 대답했다.

그는 하나님 나라의 법과 원리를 배우고 그 말씀을 따라 산 유대인이었다. 하나님의 말씀대로 사는 것이 그에게는 가능했다. 그는 그 나름대로 아주 잘 해 왔던 것이다. 그러나 예수께서는 말씀하셨다. "네가 오히려 한 가지 부족한 것이 있으니 네게 있는 것을 다 팔아 가난한 자들을 나눠 주라 그리하면 하늘에서 보화가 네게 있으리라 그리고 와서 나를 좇으라"

그 젊은이는 하나님 나라의 법과 원리를 알고 있었다. 또 어떻게 거기에 맞게 생활해야 하는지도 알고 있었다. 그는 하나님 말씀대로 살면 어떤 이익이 있는지 알고 있었던 것이다. '어떻게 하면 사업을 성공시킬까'와 같은 주제로 세미나를 했다면 그는 많은 군중을 끌어모을 수 있을만한 사람이었다. 그러나 그는 무언가 부족한 것이 있다는 것을 스스로 알고 있었다. 그렇지 않으면 예수께 와서 그런 질문을 하지 않았을 것이다.

그가 "제가 무엇을 해야 합니까?"라고 물었을 때 예수께서는 근본적인 것을 말씀하셨다. "너는 하나님의 말씀에 따라 잘 살아왔다. 그러나 이제는 그 말씀을 만든 하나님을 따라야 한다. 법을 잘 알고 있어도 그 법을 너에게 주신 분을 모르면 소용이 없는 것이다."

하나님께서는 우리가 단지 보다 더 나은 삶을 위하여 그를 따르는 것을 원하지 않으신다. 하나님은 우리가 하나님을 더 잘 알고 하나님을 더 신뢰하기를 바라신다. 그러므로 자녀들을 가르칠 때 하나님을 따르면 세속적인 성공과 행복이 보장된다고 말해서는 안된다. 그러나 하나님의 뜻에 따라 사는 것은 모든 일이 제대로 이루어지게 하는 방법임을 가르쳐야 한다. 그래서 우리는 최대의 성공 가능성을 갖게 되는 것이다. 그러나 여기서 멈추면 우리는 기껏해야 하나님과 그의 자비를 모르는 젊은 부자 유대인과 마찬가지가 될 것이다.

우리 자녀들에게 다음에 가르쳐야 할 것은 우리를 창조하신 하나님을 알고 따르게 하는 것이다. "마땅히 행할 길을 아이에게 가르치라 그리하면 늙어도 그것을 떠나지 아니하리라"(잠 22:6). 이 구절이 우리가 자녀들을 바르게 가르치면 구원을 얻을 것이라고 보장하는 것인지에 대해서는 논쟁의 여지가 있다. 이에 대한 대답을 하려면 그 구절이 속한 맥락을 보아야 한다.

이 구절은 예언이나 법칙에 대한 내용을 다루고 있지 않은 잠언에서 나온다. 잠언서는 원리에 대한 책이다. 다시 말해 잠언 22장 6절은 원리이며 일상적인 원인과 결과에 대한 가능한 시나리오이다. 이는 어떤 것에 대한 보장을 말하는 것은 아니다. 한 예로 "손을 게으르게 놀리는 자는 가난하게 되고 손이 부지런한 자는 부하게 되느니라"(잠 10:4)라는 구절을 들 수 있다. 물론 부지런해도 가난한 사람이 있고 게을러도 부자인 사람이 있다. 이는 우리 생활에 적용됐을 때 잘 될 가능성을 높여주는 원칙일 뿐 절대적인 보장을 말하는 것은 아니다.

우리는 자녀들을 하나님의 법과 원리에 따라 살면서 마땅히 가야 할 길로 가도록 키울 수 있다. 그리고 그 원리들은 젊은 부자에게 그랬던 것처럼 우리 자녀들을 이끌어 줄 것이다. 그러나 우리는 자녀들을 그 이상으로, 즉 그 법칙을 뛰어넘게 키워야 한다. 우리는 자녀들을 하나님께 데려가야 할 필요가 있다. 예수께서 말씀하셨다. "어린아이들의 내게 오는 것을 용납하고 금하지 말라."

우리가 자녀들에게 규칙과 이유를 가르치고 있는지, 돈 문제에 있어 그 젊은 부자 유대인처럼 키우고 있는 것은 아닌지 어떻게 확신할 수 있을까?

부모들의 재무교육은 성경에 나오는 돈에 대한 가르침을 인식시키는 부모됨의 한 과정이다. 돈에 대한 가르침은 더 큰 영적인 것에 관해 자녀들과 의사소통을 하기 위해 필요한, 실제적이고 기본적인 수단이다.

우리는 하나님의 뜻을 따르는 것이 우리에게 최선임을 보여줌으로써, 돈 문제에서도 하나님께 순종하도록 자녀들을 가르쳐야 한다. 하나님은 선하고 의로운 분이시며 우리를 사랑하시기 때문이다. 각각의 재무원칙에 대하여 우리는 규칙뿐 아니라 그 근거를 찾아낼 것이며, 그래서 자녀들이 하나님을 더 잘 알도록 도와줄 것이다. 그럴 때 우리 자녀들은 돈 문제에서 배운 것들을 그들 생활의 다른 영역에 적용할 수 있을 것이다.

돈에 대한 태도는 그 사람의 마음의 지표이다. 예수께서는 "네 보물 있는 그 곳에는 네 마음도 있느니라"(마 6:21)고 하셨다. 그 젊은 부자에게 부족했던 것은 무엇인가? 예수께서는 그에게 가진 것을 모두 팔아 가난한 이들에게 나누어 주라고 하셨다. 그러면 그는 그에게 부족했던 것, 즉 하늘나라의 보화를 갖게 될 것이다. 예수께서는 재물을 있어야 할 곳에 쌓아둠으로써 우리의 마음도 있어야 할 올바른 곳에 둘 수 있다고 말씀하셨다.

다음 장에서 우리가 말하려고 하는 것은 어떻게 하면 자녀들에게 재물을 있어야 할 올바른 곳에 쌓도록 부모들이 도와줄 수 있는가에 관한 것이다. 그런 다음 그들의 마음이 어떻게 반응하고 어디로 가는지를 볼 수 있게 될 것이다. 그러나 먼저 우리가 어디 있는지를 알기 위해 잠시 쉬도록 하자. 우리는 부모로서 우리의 기대와 자녀의 기대가 하나님의 은혜에 맞추어지도록 해야 한다.

연습문제

1. 신명기 5장 16절에 나오는 "너는 너의 하나님 여호와의 명한 대로 네 부모를 공경하라 그리하면 너희 하나님 여호와가 네게 준 땅에서 네가 생명이 길고 복을 누리리라" 란 말씀은 무슨 의미인지 토론하라.

_____

_____

2. 부모로서 자녀들에게 성경의 경제원리를 따르도록 가르치는 것은 우리의 의무이다. 자녀들이 모르고 있는 기본적인 화폐개념은 무엇인가? 자녀들에게 그런 원리를 직접 보여줄 수 있는 방식에는 어떤 것들이 있을

지 나열해 보라.

_____
_____

3. 어떤 것이 기본적으로 옳고 그른지를 가르치는 것에 더하여 왜 하나님께서 우리에게 지켜야 할 규범들을 정해 주셨는지를 자녀들에게 설명하면 어떤 이익이 있겠는가?

_____
_____

3부

재무교육의 근본 원리들

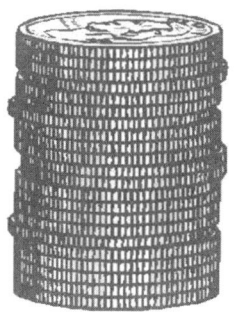

4장 돈으로 할 수 있는 일들

양과 염소 (마태복음 25:31~40)

인자가 자기 영광으로 모든 천사와 함께 올 때에 자기 영광의 보좌 앞에 앉으리니 모든 민족을 그 앞에 모으고 각각 분별하기를 목자가 양과 염소를 분별하는 것 같이 하여 양은 그 오른 편에 염소는 왼 편에 두리라.

그 때에 임금이 그 오른 편에 있는 자에게 이르시되 "내 아버지께 복받을 자들이여 나아와 창세로부터 너희를 위하여 예비된 나라를 상속하라 내가 주릴 때에 너희가 먹을 것을 주었고"(네 가족을 위해 충분하지 않을 때에도 네 집의 절반을 내 주었고, 네 형제가 어려운 시기에 그와 먹을 것을 나누었다는 것을 나는 알고 있다.)

"목마를 때에 마시게 하였고"(가족여행 중에 더위와 목마름에 지쳐 지나가던 사람을 기억하느냐? 그에게 물을 주고 그를 병원에 데려가는 데 시간을 쓰느라 너와 네 가족은 그 날 휴가의 반나절을 소비했다. 너 자신도 그 더위 때문에 거의 탈진했었지. 네 가족들은 그 일을 잊지 못할 것이다.)

"나그네 되었을 때에 영접하였고"(자녀들에게 낯선 사람을 어떻게 대해야 되는지 가르칠 때에 "그는 천사일지도 몰라"라고 너는 말했었다. 그러나 너는 아직도 확신하지는 못한다. 그렇지 않느냐? 어떤 여자, 이블린이 눈보라 속에서 거리를 걸어가고 있었다. 그녀의 옷차림은 초라했다. 그 날 막내가 "저 아줌마 쓰러지겠어요"라고 말하자마자 네가 코트와 장화를 벗어준 일을 아직도 아이들이 이야기하고 있다. 너는 그녀를 집안으로 맞아들였고 아이들이 따뜻한 코코아를 만드는 동안 그녀에게 새 옷과 담요를 주었다. 밤에 자동차가 문제를 일으켜 밤길을 걸어야 했던 그 여인을 위해 네가 시작한 일이 네 가족에게 내 사랑을 공유할 기회를 준 것이다. 그녀는 너를 보려고 나와 함께 여기에 와 있다.)

"벗었을 때에 옷을 입혔고"(이것은 너희들 대부분이 잘 모르는 내용이다. 너와 네 가족이 빈민구호소에 옷가지를 주겠다고 약속한 일을 기억해 보라. 너는 그것을 가져다 주기 전에 항상 깨끗하고 잘 정돈된 상태인가를 확인하였다. 물론 나는 그것을 사용했었다. 어떤 여인이 기도한 직후에 나는 네가 그 약속을 하도록 재촉하였다. 그녀는 네 아들, 딸과 같은 수의 아들, 딸을 데리고 혼자 사는 여인이었는데 그들은 모두 네 자녀보다 한 살씩 어렸다. 그녀는 내게 아이들이 크면서 입을 옷을 달라고 기도했었다. 그녀는 그 중고품점에 올 때마다 그녀와 아이들에게 꼭 맞는 옷이 있는 것을 보고 기뻐서 눈물을 흘렸다. 그녀의 온 가족과 여러 다른 사람들이 그 응답된 기도에 대해 증언하려고 여기 나와 함께 있다.)

"병들었을 때에 돌아보았고"(이는 아주 간단하지만 효과적인 것이었다. 너는 네가 버는 소득 중 일부를 회사의 자선기금에 기부했다. 그것은 위급한 상황에 부닥친 어떤 이의 병원비를 대는 데 쓰였다. 그리고 네 삼촌이 3개월 간 병원에 입원해 있을 때는 어땠느냐? 가족 중 아무도 그에게 어떤 일을 해주려고 하지 않는데 너와 네 가족은 일주일에 두 번씩 그를 방문하고 위로했다. 결국 그는 그 병원에서 죽었다. 너는 네가 말해 주었던 그 기도내용을 가지고 그가 기도했는지를 확신할 수는 없었다. 그러나 그는 실제로 기도했었다. 그도 너를 보기 위해 여기 나와 함께 기다리고 있다.)

"옥에 갇혔을 때 와서 보았느니라"(레스토랑에서 너와 네 아내가 하나님에 대해 이야기하는 것을 우연히 듣고 다가와 인사를 하던 남자를 기억하느냐? 너는 그의 질문에 대답해 주고 그와 함께 기도하고 그가 재판을 기다리는 동안 계속 그를 방문해 주었다. 죄를 지었을 때 그는 내 아들이 아니었으나 그가 내 안에서 가치로운 존재라는 것을 네가 깨닫게 해 준 후 그는 내 아들이 되었다. 너는 감옥에 있는 그를 방문했고 다른 이에게 나를 알리도록 도와주었다. 그도 또한 여기에 와 있다.)

의인들(너그러운 양들)은 하나님께 말할 것이다. "주여 우리가 어느 때에 주의 주리신 것을 보고 공궤하였으며 목마르신 것을 보고 마시게 하였나이까? 어느 때에 나그네 되신 것을 보고 영접하였으며 벗으신 것을 보고 옷 입혔나이까. 어느 때에 병드신 것이나 옥에 갇히신 것을 보고 가서 뵈었나이까"(그들 중의 아무도 주님이 아니셨습니다. 그렇지요?)

"임금이 대답하여 가라사대 '내가 진실로 너희에게 이르노니 너희가 여기 내 형제 중에 지극히 작은 자 하나에게 한 것이 곧 내게 한 것이니라'"(네가 나를 어떻게 생각하는지는 네가 가진 것을 어떻게 썼는지를 보면 알 수 있다.) "내 아버지께 복 받을 자들이여 나아와라"(이런 저런 경우에 너와 함께 있던 네 아이들이 너를 본받는다는 것을 알게 되면 너는 기쁘지 않겠느냐. 그들도 양의 편에 서게 될 것이다.)

예수께서는 젊은 부자 유대인, 집나간 탕자, 과부의 작은 정성, 양과 염소의 비유를 비롯한 그의 가르침과 우화를 통해 우리가 돈과 재물을 가지고 행하는 행동이 곧 우리 마음의 거울임을 가르치셨다. 우리가 쓰는 수표책은 우리의 사랑, 하나님, 그리고 하나님의 말씀에 대한 헌신의 정도를 측정하는 온도계와 같다.

이것은 우리에게 무엇을 의미하나?

이 모든 것이 우리가 그리스도를 통하여 하나님의 은혜 안에서 믿음으로 구원받는다는 사실을 부정하는 것인가? 물론 그렇지 않다. 그러나 야고보는 행함이 없는 믿음은 죽은 것이고, 하나님의 말씀과 방식과 가르침을 들었지만 그대로 행하지 않으면 자신을 속이는 것이라고 하였다.

만일 믿음으로 하나님의 은혜를 얻는다면 우리는 성령의 힘으로 하나님 안에서 성장하고 변화함으로써 믿음을 나타내야 할 것이다. 예수께서 우리가 어떻게 성장하는지 판단하는 기준으로 계속해서 지적하고 계신 것이 세속적인 재물, 바로 돈이다.

예수께서는 "너희 보물 있는 곳에는 너희 마음도 있으리라"(눅 12:34)고 말씀하셨다. 양과 염소는 모두 자신이 하나님 나라에서 차지할 자리가 있다고 생각했다. 그러나 양만이 그들의 재물이 있어야 할 자리에 있었다는 것을 보여줄 수 있었고 그래서 하나님 나라에서 자리를 차지했다.

그 분명한 법칙은 "돈을 어떻게 쓰느냐 하는 것이 우리의 마음을 나타내준다"는 것이다. 이는 거의 예외가 없는 정확한 지표이다. 예수께서는 "너희가 하나님과 재물을 겸하여 섬길 수 없느니라"(눅 16:13)라고 말씀하셨다. 너희는 둘 중의 하나를 섬겨야 한다. 너의 마음은 네가 섬기는 그 하나에 가 있을 것이요, 네 행동은 그 마음을 나타낼 것이다.

이 원리를 이해했다면 우리는 책임감을 가져야 한다. 이를 위해 첫째, 우리가 돈을 가지고 무엇을 하는지, 어떻게 돈을 관리하는지를 가지고 우리의 믿음을 하나님께 보여드려야 한다. "어떻게 관리하는지"라고 말하는 이유는 자선이 돈을 가지고 우리의 믿음을 나타내는 유일한 수단은 아니기 때문이다. 부채나 저축, 재무계획 등을 하나님의 원리에 따라 다룸으로써 하나님께 대한 믿음을 나타낼 수 있다.

나아가 우리의 자녀들이 돈이 아닌 하나님을 섬기고 재물을 올바른 곳에 쌓을 수 있도록 도와줄 필요가 있다. 우리가 자녀들에게 세상 사람들이 하는 방식으로 돈을 다루는 것을 허락한다면 그들은 자동적으로 그 방식 뒤에 내재되어 있는 세속의 가르침을 배울 것이다. 그러면 그들은 남은 평생동안 그 가르침대로 살 것이다.

다시 말해 그들의 마음은 그들의 재물을 쌓아놓은 곳에 가게 될 것이다. 그러나 우리가 자녀들에게 하나님의 방식대로 돈을 관리하도록 가르친다면 그들은 하나님의 가르침을 배우고 그 가르침에 따라 평생을 살게 될 것이다. 하나님께서 어디에 재물을 쌓기를 바라시는지, 그리고 어떻게 그렇게 쌓을 수 있는지를 우리가 설명해 주면 그들의 마음은 그것을 따를 것이다.

그렇다면 다음 질문은 "돈을 가지고 무엇을 해야 할지를 자녀에게 가르쳐서 정말로 자녀의 마음을 옳은 방향으로 돌릴 수 있을까?"가 될 것이다.

예수께서 젊은 부자에게 하신 것이 그게 아닌가? 예수께서는 그에게 가서 마음을 바꾸라고 말씀하시지 않으셨다. 그저 가진 것을 다 팔아 가난한 사람들에게 나누어 주라고, 그러면 하늘나라에 보화를 쌓는 것이라고 말씀하셨다. 다시 말해 부자가 예수님 말씀에 따라 옳은 일을 하면 그의 마음과 재물의 위치가 다시 정해지는 것이다.

이것이 자녀들에 대한 재무교육이 중요한 이유이다. 우리가 하나님 말씀을 따르도록 아이들을 가르친다면 그들의 마음이 하나님께 가 있을 것이다. 물론 우리는 젊은 부자 유대인이 그랬던 것처럼 규칙을 지키는 것만을 가르쳐서는 안 된다. 우리의 자녀교육은 하나님의 원리가 어떻게 역사하는지, 그리고 왜 하나님께서 우리에게 그런 원칙을 주셨는지를 포함하는 것이어야 한다. 그러면 우리는 자녀들이 그 가르침을 돈 문제뿐만 아니라 생활의 다른 부분에도 적용시키게 만들 수 있게 될 것이다. 그리고 그들은 하나님과의 관계를 성장시킬 것이다.

우리의 목표는 자녀들이 그들의 재물을 올바른 곳에 쌓고 그들의 마음이 그것을 따르게 만드는 것이다. 이런 방식으로 생각해 보자. 우리가 액셀레이터를 밟으면 속도계 바늘이 올라갈 것이다. 마찬가지로 속도계 바늘이 올라가고 있으면 우리는 자동차가 점점 더 빠르게 갈 것이라고 기대하고 거기에 맞게 행동을 조절할 수 있다.

우리는 자녀들에게 먼저 돈에 관해 가르쳐야 할 게 아니라 하나님에 관해 가르쳐야 한다. 우리는 하나님께서 우리에게 보여준 실제적인 재무관리 요령들을 사용하고 있다. 그러나 가장 근본적인 것은 재무관리 그 자체를 가르치는 것이 아니다. 재무관리를 가르침으로써 자녀들에게 하나님을 가르치는 것이다.

아이들은 눈에 보이는 것들만 가지고 사고를 한다. 그들은 눈에 보이는 물리적인 것이나 실제적 비유만을 이해한다. 추상적이고 어려운 것들은 단순한 것과 비교될 때에만 이해한다. 그러므로 재무관리는 자녀들을 가르치는 좋은 초기도구가 될 수 있다. 돈은 눈에 보이는 것이다. 그리고 우리가 돈을 가지고 하는 여러 행동들은 영적 가르침들을 분명하게 보여주는 데 이용될 수 있다.

우리는 그래서 이장의 제목을 "돈으로 할 수 있는 일들"이라고 붙였다. 우리는 돈을 가지고 무엇이든지 할 수 있다.

5장 성경적인 재무원리와 부모의 책임

이제 우리는 여러 가지 재무원리와 그 원리 뒤에 숨은 성경적 의미를 살펴볼 것이다. 하나님의 방식으로 돈 문제를 다루는 방법을 배우는 동안 우리 자녀들이 같이 배우게 될 가르침들이 그들의 모든 생활에 어떻게 영향을 미치는지도 보여줄 것이다.

청지기로서의 책무

자녀들에게 돈을 쥐어 주고 청지기로서의 의무—돈이란 하나님께서 주신 믿음의 상징이므로 그것을 주신 이의 뜻에 맞게 써야 한다는 것—를 가르치기 시작할 때, 우리는 아주 많은 기초를 닦아야 한다. 우리는 성경에 나와 있는 돈의 용도를 배우고 그 사용방향에 대한 안내와 지혜를 구하기 위해 기도하면서 하나님의 뜻을 따르도록 그들에게 가르쳐야 한다.

자녀들이 하나님의 말씀을 따르고 돈의 사용방향과 지혜를 얻기 위해 기도하는 법을 한 번 배우게 되면 그들을 다음 단계로 이끄는 것은 식은 죽 먹기다.

예수님은 우리 전 생애의 주님이시다. 그는 우리가 그의 가르침을 따르고 생활의 모든 영역, 가령 행동, 돈, 성격, 결혼, 직업, 신앙 등에서 지혜를 간구하며 기도하기를 바라신다. 우리가 자녀들에게 하나님의 청지기로서의 의무에 따라 돈을 쓰도록 가르치지 않고, 행동으로 보여주면서든 또는 부주의해서든, 돈 문제가 하나님께는 그리 중요하지 않기 때문에 돈을 가지고 원하는 아무 것이나 할 수 있다고 가르친다면 그 결과는 감당할 수 없게 될 것이다.

자녀들이 우리에게서 배우는 부정적이고 잘못된 원리—"네게 옳다고 생각되는 일을 하라"는 원리와 "네 스스로 결정하라"는 원리—가 그들의 기본 가치관이 될 것이다. 이는 자연스럽게 생활의 다른 부분에도 적용될 것이다. 그 결과는 어떻겠는가? 우리는 자녀를 하나님과 상관없이 인생에서 중대한 여러 결정을 내리는 사람으로 키우게 될 것이다. 그러나 우리가 자녀들에게 직업이나 사업, 결혼 배우자의 선택 등 모든 문제에서 하나님의 가르침을 따르고 그것을 얻기 위해 기도하도록 가르친다면 하나님의 가르침이 매우 실질적인 것임을 인식시킬 수 있을 것이다.

나이 든 자녀들은 왜 우리가 그렇게 "초-영적"이어야 하는지 이해하려 하지 않을 것이다. 또는 그 가르침이 뭔가 기독교적인 것이라고 생각해서 행동이 아닌 마음으로만 거기에 찬성할지도 모른다. 그러나 작고 사소한 모든 일에서 그들 자신의 의지대로 결정을 하게 되면 그들은 하나님의 뜻과 지혜를 발견하는 법을 실제적으로 이해하지 못할 것이다. 하나님은 우리 자녀들이 누구와 결혼할까를 결정하는 주님이시기 전에 먼저 그들의 용돈을 어떻게 써야 할지를 결정하는 주님이 되어야 한다.

인생 재무 안내서

돈 문제에 대해 성경에 나오는 말씀과 그에 대한 하나님의 원리를 따르고 그 결과를 이해하도록 자녀들에게 가르칠 때, 우리는 그들에게 재무원리 이상의 것을 가르칠 수 있다. 다음의 예를 보자.

내(릭)가 16살이었을 때, 나는 아직 진정으로 예수님을 만나지 못했었다. 그렇지만 어머니께서는 내게 십일조를 하라고 항상 가르치셨기 때문에 나는 그것이 하나님께서 내게 원하시는 것이라고 생각해서 여름 내내 일한 수입의 10%를 헌금했다. 그 해 여름 나는 아주 즐거운 시간을 보냈다. 나는 항상 내게 필요한 것을 얻을 수 있을 만큼 충분한 돈을 가지고 있는 것 같은 생각이 들었다. 나중에 내가 원하던 오토바이를 사기 위해 충분할 정도의 돈도 저축했다.

다음해 여름 나는 교회에 십일조를 하는 게 내키지 않았다. 지난해보다 더 멋진 여름을 보내고 싶었기 때문에 나는 내가 번 돈을 모두 나를 위해 쓰려고 모아두었다. 그해 여름이 끝나갈 때 나는 깜짝 놀랐다. 나는 지난 해보다 더 많이 일했고 봉급도 올랐었다. 그런데 내게 남은 돈이 한 푼도 없었다. 내가 원하는 것을 얻기에도 돈이 부족했으므로 그 해 여름에 나는 1달러도 저축할 수 없었고 정말 값어치 있는 아무 것도 사지 못했다.

17살의 젊은이들 중 아무도, 또는 그리스도인이 아닌 사람들조차도 왜 그런 차이가 나는지 내게 설명해 주지 못했다. 더 중요한 것은 그것은 지금은 내게 평생 습관이 된 십일조 외에도 다른 많은 일에 영향을 주었다는 사실이다. 성경 안에서 볼 수 있는 모든 인생지침이 어떤 진실성을 가지고 있다. 그러나 내가 나중에 그리스도인이 되었을 때, 특별히 그 여름의 경험이 내게 도움이 됐다고 나는 믿고 있다. 구원에 대한 하나님의 말씀에서 배운 이 경험의 결과는 내 인생에 아주 중요한 의미를 갖게 되었다.

치과 의사인 캐롤은 수입과 지출을 맞추느라 최근에 갈등을 겪었던 이야기를 해 주었다. 어느 날 그녀는 아버지와 함께 외출했다. 그리스도인인 아버지는 캐롤이 십일조를 하고 있는지 물었다. 캐롤은 대답했다. "아빠, 지금까지 내 말을 제대로 안 들으셨군요. 나는 청구서를 갚을 돈도 없어요. 교회에 헌금하는 건 생각도 못한다구요."

캐롤의 아버지는 다음과 같은 이야기를 해 주었다. 우리 수입의 일부분을 가장 먼저 헌금하는 것이 하나님께 대한 우리의 믿음을 보여주는 것이다. 그는 "일 년 동안만 십일조를 해보아라. 십일조를 하고 하나님을 신뢰했기 때문에 오히려 더 넉넉해졌다고 그 해 말에 자신있게 말할 수 없게 된다면 일 년 동안 네가 교회에 냈던 모든 돈을 이 애비가 대신 돌려 주마."

캐롤에게 십일조를 해야겠다는 생각이 들게 한 것은 그 말의 내용이 아니었다. 그녀에게 영향을 미친 것은 아버지의 말보다 아버지에게 그런 확신을 갖게 해 준 강한 믿음이었다. 일 년 후 그녀는 십일조의 강력한 지지자가 되었다. 그녀는 행동을 바꾸었을 뿐만 아니라 더 풍요로워졌다.

그러나 캐롤에게 일어난 가장 현저한 변화는 돈 문제와 관련된 변화가 아니다. 그것은 일생 동안 하나님의 원리를 배우고 따르겠다는 열망을 갖게 된 것이다.

자녀들에게 돈 문제에 관해 성경의 가르침을 따르라고 가르칠 때, 우리는 하나님의 말씀이 인생의 지침서라는 것을 대전제로 하고 있는 것이다. 돈 문제와 같이 손에 잡히는 분명한 문제에 있어 그 기본전제를 제대로 세운다면 모든 일상사에서 하나님의 말씀대로 살도록 자녀를 이끄는 일은 아주 쉽다. 또 일단 하나님의 말씀이 역사하는 것을 배우고 경험하게 되면 그들에게 하나님께 대한 사랑을 키우고 말씀들을 읽고 탐구하는 것에 대한 열망을 갖도록 도와주는 일도 아주 쉬워질 것이다.

십일조와 기부금

위에서 든 예를 읽었다면 이제 헌금에 대해 이야기해 보는 게 좋을 것 같다. 교회에 헌금하라고 자녀들에게 가르칠 때 아주 중요한 근본 가르침을 먼저 알게 해야 한다.

먼저 부정적인 경우를 보자. 자녀들이 우리가 교회에 헌금하는 것을 보지 못한다면(실제로는 헌금을 하든 안 하든) 우리는 교회에 대해 무엇을 가르칠 것인가? 예배를 드리고 감동되어서 또는 죄의식을 느껴서 여기저기 되는대로 얼마씩 헌금하는 것을 자녀들이 본다면 어떨 것인가?

우리는 우리가 확실하게 믿는 것, 즉 교회는 사람이 세운 것이며 헌금은 자원을 낭비하는 것이고, 헌금은 우리의 의무가 아니라는 것을 자녀들에게 보여주고 전해 주게 되는 것이다(의도하지 않았더라도 나도 모르게 말과 행동으로 자녀들에게 얼마나 많은 것을 가르치게 되는가!).

십일조

교회에 다니는 사람들 가운데 수입의 10% 이상을 종교기관에 내는 사람은 단지 3~5%에 불과하다는 것을 보여주는 통계가 있다. 개신교도의 평균 헌금액은 주당 17달러이다. 정기적으로(적어도 한 달에 한 번 이상은) 교회에 다니는 사람들 중 37%는 전혀 헌금을 하지 않는다.[1] 엠프티 톰사(Empty Tomb Inc.)의 1994년 12월호 보고서에 따르면 평균적인 미국인은 매달 위의 액수에 해당하는 돈을 술을 마시는 데 쓴다고 한다.[2] 이 숫자들은 교회에 다니는 미국인들이 교회에 대해 가지고 있는 태도를 그

---

1) *How to Increase in Your Church*, George Barna(Regal Books, 1977)
2) "Giving and Volunteeering in the United States," Finding from a National Survey, 1994 edition, Washington D.C.

대로 보여준다. 불행하게도 이는 하나님과 그의 원리에 대한 우리의 헌신 정도를 그대로 반영하는 것이다.

십일조에 대한 다른 생각을 가지고 있기 때문에 이 문제에서 자신을 변호하고자 하는 사람들을 위해 잠깐 논의를 멈추자. 다시 말해, 십일조가 신약의 원리라는 것을 믿지 않는다고 하자. 우리는 여기서 일상적인 토론을 하고자 하는 것은 아니다. 그러나 다음과 같은 문제에 대해 생각해 보기 바란다.

십일조가 신약의 개념인가 아닌가에 대해 논쟁하는 것은 초점을 잘못 잡은 것이다. 무엇보다도 우리가 가진 모든 것은 100% 하나님의 것이다. 고린도전서 10장 26절에서는 이 문제에 대한 시편 24장 1절의 말씀을 인용하고 있다. "땅과 거기 충만한 것과 세계와 그 중에 거하는 자가 다 여호와의 것이로다." 성경은 말한다. "내가 모태에서 적신이 나왔사온즉 또한 적신이 그리로 돌아가올지라"(욥 1:21). 우리가 정말로 어떤 것을 소유하고 있다면 그것은 하나님께서 우리에게 주신 것이다.

하나님께서는 우리에게 당신의 것을 돌보라고 주셨다. 우리는 주인의 것을 지키는 청지기이다. "네 하나님 여호와를 기억하라 그가 네게 재물 얻을 능을 주셨음이라"(신 8:18). (창세기 1:28~30; 시편 8; 시편 115:16을 참고하라).

대부분의 사람들은 이 점에 동의하고 "그렇다면 얼마나 많이 헌금해야 하는가"에 대해 생각할 것이다. 원래 십일조는 하나님께 대한 헌신의 표시로 존경과 감사의 마음에서 우러나오는 것이었다. 율법이 이루어지기 오래 전에 아브라함과 야곱은 십일조를 드렸다. 후에 십일조는 공동체의 예배장소를 운영하는 데 필요한 운영비로 사용되었다. 구약에서 그 장소는 장막이었고 이후에는 성전이었다.

종종 돈 대신 물품으로 십일조를 받기도 했고 그렇게 받은 십일조는 창고 안에 저장하였다. 제사장이나 그 보좌역인 레위인들은 그 창고에서 필요한 것을 공급받았다. 창고 물건들은 과부나 고아, 가난한 사람들뿐 아니라 여행자나 선지자들을 돌보는 데도 쓰였다. 예배장소와 거기서 일하는 사람, 그리고 가난한 사람들(이스라엘 민족과 그들과 같이 사는 이방인)을 돌보는 일은 이스라엘 민족의 책임이었다.

이상적으로 오늘날의 교회는 그 옛날의 창고역할을 해야 한다. 사도 바울은 구약의 의무를 그 의미를 전혀 훼손시키지 않고 신약으로 옮겨놓았다. 그는 하나님의 일꾼과 지도자를 돕는 일에 대해 하나님께서 정한 구약의 말씀을 신약에서 자유롭게 인용하고 있다. 구약의 의무를 신약에 옮겨놓은 구절을 보자.

"모세 율법에 곡식을 밟아 떠는 소에게 망을 씌우지 말라 기록하였으니 하나님께서 어찌 소들을 위하여 염려하심이랴 전혀 우리를 위하여 말씀하심이 아니냐 과연 우리를 위하여 기록된 것이니 밭 가는 자는 소망을 가지며 갈고 곡식 떠는 자는 함께 얻을 소망을 가지고 떠는 것이라 우리가 너희에게 신령한 것을 뿌렸은즉 너희 육신의 것을 거두기로 과하다 하겠느냐 … 성전의 일을 하는 이들은 성전에서 나는 것을 먹으며 제단을 모시는 이들은 제단과 함께 나누는 것을 너희가 알지 못하느냐 이와 같이 주께서도 복음 전하는 자들이 복음으로 말미암아 살리라 명하셨느니라"(고전 9:9~11, 13~14).

초기 교회는 가난한 사람들을 돌보기 위해 필요한 것들을 제공하는 데 구약의 원칙을 따랐다(행 4:32~34). 고린도후서의 8장과 9장에서 사도 바울은 곤궁한 사람들, 특히 그리스도인들 중에서 곤궁한 사람들을 돌보는 문제를 다루고 있다. "이 직무로 증거를 삼아 너희의 그리스도의 복음을 진실히 믿고 복종하는 것과 저희와 모든 사람을 섬기는 너희의 후한 연보를 인하여 하나님께 영광을 돌리고"(고후 9:13). 가난한 이의 구제는 우리의 의무이다. 예수님께서도 양과 염소의 비유에서 똑같은 말씀을 하셨다.

10%라는 액수는 아직도 유효한 기준인가? 우리가 이 비율을 믿지 않는다고 해도 우리는 그 의무를 받아들여야 한다. 오늘날처럼 정기적인 기부금에 대한 신념이 희박한 상황에서 대부분의 교회사정에 비추어 보건대 우리는 10%에 불과한 이 숫자에 대해 오히려 감사해야만 할 지경이다. 우리가 이 의무를 진심으로 받아들이고 나면 우리 수입의 전부를 낸다고 해도 충분하다는 생각이 들지 않을 것이다.

교회

하나님이 아닌 자신의 뜻대로 한 번 살게 되면 교회에 다니는 젊은이의 70% 이상이 교회에 한동안 또는 영원히 나오지 않는다. 그들은 우리가 헌금행위를 통해 나타내는 태도로부터 교회에 대한 태도를 배운다. 우리가 십일조를 하는 것을 자녀에게 가르칠 때 십일조와 성서상의 의무, 그리고 교회출석과 참여의 중요성을 가르칠 수 있다.

자녀들에게 보여줄, 교회에 대한 우리의 태도는 어떠해야 하는가? 다음과 같은 점을 고려해 보라. 신약의 모든 내용은 지역교회를 통해 그리고 지역교회 안에서 새로운 신약교회를 세우는 데 초점을 두고 있다.

오늘날의 많은 그리스도인들은 교회를 우리에게 압력을 가하여 더 큰 집회를 열고 더 많은 돈을 가져가는 존재로 인식하고 있다. 그러나 그것은 사실이 아니다. 지역교회는 하나님의 아이디어이다. 교회는 개인과 가족 그리고 사회공동체를 영적으로 성장시키고 세상을 움직이고 선도하는데 중요한 것 중의 하나이다.

이 모든 것의 핵심은 교회가 중요하다는 것이다. 교회에 헌금하도록 말로써 또는 행동으로써 모범을 보여 자녀들을 가르치는 것은 그들에게 교회에서의 그들의 위치와 교회에 대한 책임을 가르칠 수 있는 기회를 얻는 것이다. 또한 그들의 삶에서 교회와 교회공동체의 역할을 가르칠 수 있게 된다.

근본적으로 하나님께서 그들이 돈을 어디에 쓰기를 원하시는지 보여줌으로써 자녀들에게 소중히 해야 할 것이 무엇인지를 알려줄 수 있고, 하나님께서 원하시는 곳에 그들의 마음을 두도록 도와줄 수 있다. 이런 행동은 절망적인 통계숫자를 바꾸고 우리 자녀들을 교회 안에 계속 머무르게 하는 데 중요한 역할을 할 것이다. 자녀들에게 십일조를 가르치는 것이 그 시작이다. 우리는 교회에 다니지 않는 사람 중에서 십일조를 하는 사람을 거의 만날 수 없다. 왜냐하면 그들의 마음은 그들의 재물에 가 있기 때문이다.

선교의 사명

우리는 자녀들에게 선교활동을 하게 함으로써 또 다른 진실을 가르칠 수 있다(평균적인 미국인은 선교활동보다는 청량음료를 마시는 데 더 많은 돈을 쓴다). 선교사업을 지원하는 데 관여하게 되면 길잃은 자들에게 전도하는 것이 우리의 책임임을 우리 자녀들에게 가르칠 기회를 얻게 되는 것이다(고후 5:18~21을 보라).

하나님께서 주신 것들을 가난한 사람들에게 나누어 주라고 가르칠 때 자녀들에게 자기 실속만 차리지 말고 남의 이익도 돌보라고 말할 수 있다(빌 2:4). 이 때 하나님께서 주신 것에는 다른 사람이 필요로 하는 물질적인 것뿐만 아니라 영적인 것도 포함된다.

이 원리는 자신의 이익에 대한 열망이 끼어들 소지가 있는 모든 영역, 즉 인간관계, 일에서의 우선순위 설정, 그리고 삶의 많은 다른 영역에 적용될 수 있다. 이런 방식으로 우리는 자녀들이 나와 내 것에 대한 열망을 다른 사람을 돕고 사랑하는 마음으로 돌리도록 가르칠 수 있다. 자녀들이 성경의 비유에 나오는 너그러운 양이 되도록 그들의 의식을 전환시킬 수 있는 것이다.

주는 행위를 통해서 자녀들이 배울 수 있는 또 다른 중요한 것이 있다. 이는 우리가 제1 원리라 부르는 것이다. 교회와 선교 그리고 타인에 대한 기부행위에 대해 이야기할 때 우리와 우리 자녀들은 자주 "그럼, 내게 필요한 것은 어떻게 하고?"라는 반응을 보인다.

그 때 우리가 대답할 수 있는 것이 이 제1 원리이다. 제1 원리는 〈하나님께서는 우리에게 필요한 모든 것을 주신다〉는 것이다. 우리의 소득, 저축, 직업, 투자자금, 그리고 다른 소유물들은 우리의 재산이 아니다. 그것들은 안전하지 않고 무언가를 제공해 주는 것도 아니다. 그것들은 하나님께서 우리에게 필요한 것을 주시는 방법들인데 우리는 그것들을 그렇게 생각하지 않을 때가 많다.

하나님께 순종하고 타인을 돕느라 우리 자신의 먹을 것에 대해 마음속에 불만과 두려움을 갖게 되었다고 느끼게 되면, 우리를 돌보시는 하나님의 능력을 정말 확신하고 있는가를 다시 생각해 보아야 한다.

이러한 확신이 만족의 열쇠다. 사도 바울은 다음과 같이 말하였다. "내가 궁핍하므로 말하는 것이 아니라 어떠한 형편에든지 내가 자족하기를 배웠노니 내가 비천에 처할 줄도 알고 풍부에 처할 줄도 알아 모든 일에 배부르며 배고픔과 풍부와 궁핍에도 일체의 비결을 배웠노라 내게 능력 주시는 자 안에서 내가 모든 것을 할 수 있느니라" (빌 4:11~13).

젊은 부자를 기억하는가? 그에게는 이런 확신이 없었다. 그는 그 모든 것을 주신 하나님을 떠났고 하나님과의 관계에서 멀어졌다. 그는 자신의 재물이 자신의 안전을 지켜줄 것이라고 생각했다.

우리는 안전한 하나님의 집을 자녀들에게 가져올 수 있는 기회를 인식할 필요가 있다. 우리가 자녀들에게 헌금을 가르칠 때 자녀들의 마음속에 중요한 대전환의 기회를 심어줄 수 있다. 하나님의 재무원리를 가르치는 데 있어서 하나님은 정말로 우리 자녀들을 가야할 길로 가도록 교육하고 훈련시키는 데 적절하도록 잘 고안된, 사용하기 쉽고 실제적인 것들로 우리에게 채워주셨다.

재무교육의 단계를 하나하나 밟아나갈 때, 이런 시스템의 핵심은 매일 실제적인 훈련으로 더 심오한 영적인 진실을 가르칠 기회를 잡는 것이라는 점을 기억하라. 이런 기회는 재무원리를 교육할 때만 생기는 것이 아니다. 그것은 쿠키를 구울 때 일어난 작은 생각, 형제자매 간의 갈등, 심지어 애완동물 훈련 등과 같은 모든 과정에서 발생할 수 있다.

그러나 재무문제는 우리에게 큰 도약대가 될 영역이다. 재무관리는 우리 삶의 여러 영역과 관련되어 있고 또 지속적으로 주목해야 하는 일종의 훈련과 같다. 어떤 영역도 돈 문제만큼 성경의 원리를 그렇게 지속적으로 가르칠 기회를 제공하지 못한다. 따라하기 쉽고 이해하기 간단한 이 영역에서의 원리는 자녀들 생활의 다른 영역에도 쉽게 적용될 수 있다.

〈자녀와 함께 해봅시다〉

십일조 투어

자녀들이 헌금한 돈이 어디에서 어떻게 쓰이는지 이해시키려면 십일조 투어를 계획해 보자. 먼저 목사님께 허락을 얻고 자녀들과 함께 교회 내에서 십일조가 쓰이는 장소들을 찾아다니는 것이다. 투어를 하면서 자녀들에게 십일조가 사용되는 용도를 적어보게 한다. 실제 액수까지 적을 필요는 없다. 그저 돈이 쓰이는 여러 가지 방법에 대해 자녀들이 눈뜨게 하는 것이 목적이기 때문이다. 여기 몇 개의 예가 있다.

- 건물 유지—임대료, 융자금 상환, 냉난방, 전기, 건물 유지와 수선
- 사무실 집기(컴퓨터, 복사기, 팩스 등) 구매
- 조명기기와 음향기기 구입 및 관리
- 사무실과 주일학교에서 쓰는 각종 문구용품 구매
- 전화비용
- 우편비용
- 목사님과 다른 직원의 급여
- 자선과 봉사
- 특별행사
- 광고

투어가 끝나면 적은 목록을 가지고 자녀들과 이야기해 보라. 특별히 그들을 놀라게 한 항목은 무엇인가? 그들이 꼭 써야 한다고 생각하는 곳은 어디인가? 이러한 활동은 흥미로운 토론을 불러일으킬 뿐만 아니라 참여한 모든 이들에게 아주 교육적인 경험이 될 것이다.

재무적 만족

재무만족을 통해 배울 수 있는 성경의 기본 원리는 분명한 것 같다. 재무만족은 삶의 다른 영역에서도 만족하도록 가르치는 데 결정적인 것이다. 정말로 그렇다! 그것은 아주 명백해 보이지만 이를 얻기 위한 조건은 충족시키기가 쉽지 않다.

우리는 벼락부자 환상에 대해 이야기해 왔다. 그리고 오늘날의 자녀들은 사방에서 돈 문제의 해답은 결국 더 많은 돈을 갖는 것이라고 외치는

소리를 듣고 있다. 재무만족은 자녀들에게 그런 총공격에 대항해 싸울 수 있는 대포를 주는 것과 같다. 만족은 하나님은 살아계시다는 것을 믿고 하나님의 원리를 지속적으로 생활의 모든 영역에 적용한 후, 하나님은 전능하시고 모든 것을 주관하신다는 것을 깨달을 때 얻게 되는 평강이다.

만족이라는 단어는 "충분한 상태가 된"이라는 의미이다. 사도 바울은 다음과 같이 말한다. "내가 궁핍하므로 말하는 것이 아니라 어떠한 형편에든지 내가 자족하기를 배웠노니 내가 비천에 처할 줄도 알고 풍부에 처할 줄도 알아 모든 일에 배부르며 배고픔과 풍부와 궁핍에도 일체의 비결을 배웠노라 내게 능력 주시는 자 안에서 내가 모든 것을 할 수 있느니라"(빌 4:11~13).

바울은 곤궁할 때에도 만족했다. 그것은 하나님께서 그의 "모든 것"이었기 때문이다. 그 비밀은 만족이라는 것이 하나님과의 관계와 하나님께 대한 믿음에서 온다는 것을 깨닫는 것이다. "돈을 사랑치 말고 있는 바를 족한 줄로 알라 그가 친히 말씀하시기를 내가 과연 너를 버리지 아니하고 과연 너를 떠나지 아니하리라 하셨느니라"(히 13:5).

우리 문화 안에서 이 만족이란 용어는 우리 자녀들에게 붙잡게 하거나 가르치기 어려운 너무나 이상적인 것일 수도 있다. 그러나 다시 한 번 그 개념을 단순화해서 재무문제 영역에 적용시키면 가르치기도 붙잡기도 쉬운 것이 될 수 있다.

우리(릭과 엘레인) 딸들 중 하나인 리키는 6살 때 노래를 취입한 대가로 약간의 돈을 벌었다. 그 애가 돈을 벌었을 때 우리는 그 애에게 얼마를 교회에 내고 얼마를 저축해야 하는지, 그래서 그 애가 마음대로 쓸 수 있는 돈은 얼마인지를 가르쳤다. 자신이 써야 할 돈이 얼마인지를 한 번 알게 되자 그 애는 우편주문 카달로그를 보고 사고 싶은 것들을 결정했다. 그러나 남은 돈으로는 자신이 원하는 세 가지 중 하나밖에 살 수 없다는 것을 알게 되자 그 애는 다시 주저앉아 궁리를 하기 시작했다. 마침내 리키는 좀 슬픈 표정으로 세 가지 모두를 갖고 싶기 때문에 어느 것을 택해야 할 지 모르겠다고 우리에게 말했다. 그녀에게 그것은 다시 없는 기회였다.

나와 엘레인은 리키에게 하나님을 이야기할 수 있는 기회를 가졌다. 우리는 리키에게 하나님께서 어떻게 리키에게 돈을 벌 수 있는 그런 기회를 주셨는지 설명했다. 우리는 또 그 모든 일들을 리키가 경외심을 가지고 보도록 도와주었다. 리키는 모든 것을 가질 필요가 없다. 리키는 하나님께서 자기를 돌보신다는 것을 이해하고 지금까지 받은 것에 대해 감사해야 한다는 것도 이해했다. 우리는 리키와 함께 기도하고 바로 원하는 세 가지 중 하나만을 골랐다. 이렇게 우리는 6살 짜리 딸에게 신속하고 실제적인 방법으로 만족에 대해 가르칠 수 있었다.

우리가 부모로서 이런 기회들을 이용한다면 우리 자녀들이 모든 것에서 감사하고 만족하는 법을 쉽게 이해하고 실제로 적용시킬 수 있을 것이다.

〈자녀와 함께 해봅시다〉

무엇이 필수품인가?(8세 이상에게 적용)

어느 사회에서는 필수품인 것들이 다른 사회에서는 사치품이 되는 경우가 있다. 예를 들어 미국에서는 많은 사람들이 차고를 필수품이라고 생각한다. 왜냐하면 날씨가 나쁘거나 도난의 우려가 있을 때 차를 보호해야 하기 때문이다. 그런데 후진국 국민들은 미국인들보다 차를 가지고 있는 비율이 훨씬 낮다. 그러므로 차고는 미국인들에게는 필수품이지만 후진국에서는 그렇지 않을 수도 있다.

자녀에게 무엇이 필수품(살아가는 데 꼭 필요한 것)이고 무엇이 사치품(있으면 더 좋은 것)인지를 알게 하는 것은 그들이 자신이 가진 것에 대해 얼마나 만족해야 하는지를 가르치는 좋은 방법이다. 다음 활동을 해 보면 자녀에게 필수품과 사치품의 차이를 가르칠 수 있을 것이다.

먼저 한 가족으로서 살아나가기 위해 매일 꼭 필요한 것들의 목록을 만든다. 먹어야 할 음식부터 자동차까지 모든 종류의 물품 목록을 포함해야 한다.

_____

_____

_____

_____

_____

_____

아마도 실제로는 사치품인데도 필수품이라고 생각했던 것은 아닌지를 평가하는 좋은 시간이 될 것이다. 연습삼아 한 개의 필수품을 선택해 지워버려라. 만일 그 물품이 없는 채로 산다면 어떤 일이 일어나겠는가? 그래도 살 수 있을까? 다른 것으로 대치할 수는 없는가? 또 다른 연습으로 소득이 반으로 줄었다고 생각해 보자. 필수품 항목이 바뀌는가? 내가 사치품 소비를 포기하는 대신 다른 사람이 필수품을 살 수 있다면 돈을 어떻게 써야 할까?

이와 마찬가지로 심지어 필수품 가운데 일부를 줄여도 다른 사람들보다 우리는 더 많이 가지고 있을 수도 있다는 걸 자녀에게 말해 주어야 한다. 다른 나라 사람들이 어떻게 살고 있는지를 볼 수 있는 기회를 주어라 교회나 다른 자선단체를 통해). 후진국에서 일하고 있거나 일한 적이 있는 사람들을 만나게 해주고 그들에게 그 나라 사람들이 생각하는 필수품이란 무엇인지를 쓰게 한다. 그것이 어렵다면 텔레비젼 프로그램 같은 걸 보고 부모가 직접 그 목록을 작성해도 좋다. 이제 그 목록을 자녀들이 만든 목록과 비교해 본다. 그 목록은 똑같은가? 아니면 아주 다른가? 그 결과에 대해 토론한다.

재무문제에서의 정직함

부모가 자녀에게 정직함을 가르쳐야 하는 처음 두 번의 기회는 모든 아이들에게 거의 비슷한 시기에 온다. 첫번째 기회는 진실을 말하면 어떤 문제가 생길 것이라고 믿고 일부러 거짓말을 할 때이다. 이는 대개 아이들이 무엇이 거짓말인지조차 모르는 시기에 발생한다. 두 번째 기회는 아이들이 돈의 가치를 깨닫고 나서 집에 굴러 다니는 돈을 발견하고 그것을 자신의 것이라고 우길 때이다.

첫번째 경우는 그들이 말한 내용을 가지고 정직을 가르칠 기회이다. 두 번째는 그들이 행한 행동을 가지고 그들에게 정직을 가르칠 수 있는 이상적인 시기이다.

대부분의 부모들은 첫번째 경우를 겪으며 대경실색하기 쉽다. 거짓말은 금기로 인식되고 있기 때문이다. 사람들은 오히려 두 번째 경우에 덜 반응을 보인다. 자녀들이 부모에게 그 돈이 자신의 돈이라고 말하면 대개는 그것을 그냥 자녀들에게 주기가 쉽다. 그러나 두 번째 경우는 자녀들에게 더 많은 영향을 준다. 사실 첫번째 경우보다 두 번째 경우에 훨씬 더 주의를 기울여야 한다.

우리가 자신의 행동에 대해 항상 정직하다면 거짓말을 할 필요가 없게 된다. 우연히 주운 돈을 자기 것으로 하는 행동을 보일 때는 개인 소유물에 대한 개념, 돈의 가치, 그리고 정직함의 가치를 가르칠 좋은 기회이다.

돈이라는 수단을 통해 정직함에 대한 하나님의 원리를 실제적으로 가르칠 수 있는 기회가 있다면 자녀들에게 잊지 못할 경험을 하게 할 수 있다. 가령 상점에서 계산이 잘못되어 우리가 실제로 산 것보다 더 적게 지불한 것을 알고 그 차액을 지불하기 위해 모두가 상점으로 다시 되돌아가야 했다거나, 자동판매기 고장으로 잘못해서 더 받은 25센트를 돌려주기 위해 한참 동안 줄을 서야 했다거나 하는 것과 같은 경험 말이다. 아이들이 그 경험을 기억한다면 그들은 그 경험에서 배운 교훈도 기억할 것이다.

나는 처음으로 이런 교훈을 배웠던 한 경험을 잊지 못한다. 나는 어느 날 아버지의 가구점을 지키고 있다가 어떤 여성고객에게 벽장식 가구 하나를 팔았다. 나는 소비자 가격에서 늘 하는 정도의 할인을 해주었는데 그녀는 그 가격에 매우 만족해했다. 나는 공장에 배달주문서를 보내고 수표를 받았다.

아버지가 돌아오신 후 내가 그 일을 말씀드리자 아버지께서 그 가구는 더 할인을 해서 파는 가구라고 하셨다. 그래서 우리는 공장에서 그 가구를 찾아온 다음 내가 받은 것보다 100달러가 낮은 가격의 계산서를 다시 끊어서 그 고객에게 가지고 갔다.

처음에 나는 이 일을 이해할 수가 없었다. 그 고객은 내가 제시한 가격에도 만족했고 그것은 양쪽이 행복한 좋은 거래였다. 우리는 처음 가격에 서로 합의했었던 것이다. 내 생각에 그것은 충분히 합당하고 정직한 거래였다. 그러나 아버지는 그것이 그가 다른 이에게 늘 하는 것과 다르다는 것을 알고 있었다. 그렇기 때문에 그것은 정직한 거래가 아니었던 것이다. 그 날 나는 정직함과 공정함에 대해 배웠다. 그리고 그 원리를 삶의 다른 곳에도 적용시킬 수 있게 되었다.
    매일 매일의 삶 그리고 재무문제에서의 부모노릇 경험이 우리에게 기회를 줄 때마다 우리는 자녀들을 위해 이런 것들을 가르칠 수 있다.

6장 예산생활의 가치

앞 장에서 다루어온 개념과 원리는 비교적 명확했다. 이제 장기적인 재무설계를 자녀들에게 가르치는 동안 우리는 우리가 가르치는 것 외에 어떤 것들을 더 가르칠 수 있는가라는 의문을 갖게 될 것이다. 빚이나 신용에 대해 가르칠 경우에는 어떤가? 또는 저축이나 투자에 대해 가르칠 때 그 외에 무엇을 더 가르칠 수 있는가?

이 시점에서 다음과 같이 말하고 싶어질 것이다. "예산생활이 그 자체 외에는 영적인 다른 가치를 가지고 있지 못하다"고.

사실 재무영역은 삶의 원활한 기능을 위해 필요한 가장 중요한 기술 중의 하나를 나타낸다. 불행하게도 대부분의 사람들은 그런 것들을 최소한으로만 가르친다. 그래서 고용주나 사업가들이 성공을 위해 필요한 기본 원리를 가르치는 세미나 같은 것에 많은 돈과 시간을 쓴다. 그런 세미나는 "모든 사람들이 이미 알고 있고 사용하고 있어야 하지만 사실은 그렇지 못한 기본적인 생활기술"이라는 제목의 기사로 쓰여져 강조되어야 할 것이다. 그 말은 제목으로는 좀 길지도 모른다. 그래서 사람들이 간단하게 '핵심적인 성공기술'이라는 식의 제목을 대신 선택하는 것이다.

장기 재무설계

이제 장기 재무설계에 대해 살펴보자. 현재 장기적인 재무설계를 가르치는 곳은 거의 없다. 그 개념은 즉각적인 주목과 만족, 지금 당장의 삶을 중시하는 우리 문화에 어울리지 않는 것처럼 보인다.

어떤 삶을 원하는가라는 질문에 부딪친 젊은이들은 그들이 그동안 배우고 경험한 것만으로는 이 질문에 잘 대답할 수 없다는 것을 느끼게 될 것이다. 자녀들에게 장기적인 재무설계가 필요함을 가르칠 때는 먼저 분명하게 이해시켜야 할 것이 있다. 그것은 바로 삶에 대한 장기적인 계획이다. 저축에 대해 가르칠 때도 한 의문이 다른 의문으로 이어질 것이다. 그들은 마음속에 생각해 보지 못한 질문들을 가지고 웅성거릴 것이다.

하나님께서는 우리 모두에 대해 특별한 계획을 가지고 계신다. 그는 우리를 창조하셨고 재능을 주셨다. 하나님께서는 우리에게 무엇이 가장 좋은지 알고 계신다. 사도 바울은 고린도전서에서 하나님께서는 우리 각자를 그리스도의 몸 안에서 특별한 위치에 놓아 두셨다고 말하고 있다. 아이들이 알아들을 나이가 되면 하나님께서 그들을 원하시며 그들을 위해 특별한 계획을 가지고 계신다고 말하고 하나님을 신뢰하도록 가르치는 것이 중요하다.

이 개념은 우리가 자녀들에게 장기 재무설계의 구체적인 몇몇 항목들을 보여줄 때까지는 좀 애매한 것처럼 보일 것이다. 그러나 어느 날 갑자기 모든 것이 분명해지면서 다음과 같은 의문들이 생길 것이다. "하나님께서 내게 원하시는 것은 무엇인가?" "4년제 대학에 갈 것인가 아니면 전문대학에 갈 것인가?" "신학대학에 가는 것은 어떨까?" "바로 결혼할 것인가, 더 있다가 나중에 할 것인가?" "하나님께서 원하시는 일을 하려면 얼마만큼의 돈이 필요할까?"

정답을 아시는 분은 하나님뿐이시다. 이런 문제에 대한 답을 얻을 수 있는 방법은 기도뿐이다. 그러므로 자녀들에게 재무설계를 가르치려면 먼저 기도하는 법, 여러 대안을 고려하는 법, 자신의 능력과 잠재력을 파악하는 법, 그리고 지혜와 방향을 구하기 위해 하나님께 의지하는 법을 가르쳐야 한다.

"하나님께서 내게 원하시는 것이 무엇인가"라는 질문은 우리가 현재의 우리 문화에서 살아가기 위해 당장 필요한 것들 때문에 논외가 되기 쉽다. 그러나 자녀들로 하여금 장기적인 재무설계를 활용한 특별한 생활설계를 하게 하면 그 질문에 답할 수 있게 될 것이다.

이러한 과정을 통하여 얻을 수 있는 두 번째 이익은 자녀들에게 목표를 설정하는 법을 가르칠 수 있다는 것이다. 하루는 목사인 한 친구가 "현실적인 목표와 비현실적인 환상의 유일한 차이는 거기에 당신이 도달하도록 도와줄 수 있는 중간 목표 또는 단계를 설정하고 달성하였는가에 달려있다"고 말하였다.

목표설정은 하나님께서 우리에게 바라신다고 믿고 있는 것을 달성하는데 필요한 것을 우리가 지금 정말로 하고 있는가를 제대로 평가할 수 있는 능력을 우리에게 준다. 성경에서는 계획과 목표설정에 대해 다음과 같이 말하고 있다.

"슬기로운 자는 재앙을 보면 숨어 피하여도 어리석은 자들은 나아가다가 해를 받느니라"(잠 27:12). "너희 중에 누가 망대를 세우려고 할진대 자기의 가진 것이 준공하기까지에 족할는지 먼저 앉아 그 비용을 예산하지 아니하겠느냐 그렇게 아니하여 그 기초만 쌓고 능히 이루지 못하면 보는 자가 다 비웃어 가로되 이 사람이 역사를 시작하고 능히 이루지 못하였다 하리라"(눅 14:28~30).

예수께서는 당신이 생전에 달성하고자 하는 바를 분명하게 알고 계셨다. 그는 아버지의 뜻을 이루기 위해 거쳐야 할 모든 단계와 사건을 알고 있었다. 그는 다가오는 것들을 그때 그때 처리하려고 허둥대지 않았다. 그는 하나님의 말씀을 배우는 데 전념함으로써 자신의 사역을 위해 스스로 준비하셨다. 그는 세례 요한에게로 가서 세례를 받고 광야로 나가 유혹에 몸을 맡기셨다.

예수께서는 기적의 사역을 통하여 아버지의 사랑과 성품을 보여주시면서 대중 앞에서 일어서셨다. 그는 하나님과 그의 왕국을 이해하기 위해 알아야 할 것들을 가르치셨다. 또한 그의 교회를 세우고 부흥시킬 사람들을 훈련시키셨다. 그는 당시 종교 지도자들을 거부하고 모든 것을 다 아시면서도 기꺼이 십자가로 걸어가셨다. 예수의 십자가는 하나님께서 그에게 명하신 것이다. 예수께서는 그 단계를 따라 가시면서 목표를 달성하고 십자가에 이르셨다.

성경은 우리가 우리의 십자가를 지고 따라야 할 예수님의 진리를 순서대로 설명하고 있다. 우리는 예수님께서 우리 모두를 위하여 돌아가신 것을 알고 있다. 그렇다면 우리가 지고 따라야 할 십자가는 무엇인가? 하나님의 왕국을 위하여 우리가 성취해야 할 것을 무엇이라고 불러야 하는가? 그것은 순종이다. 우리가 자녀들에게 예수님의 뒤를 따르도록 가르친다면 그것은 하나님과 하나님의 원리를 따르는 것과 같다. 자녀들이 삶의 준비기간 동안에 먼저 중간 목표들을 성취하고 궁극적으로는 하나님께서 그들에게 원하신 것을 달성하도록 우리는 그들을 도와주어야 한다.

그 훈련은 작은 기회로부터 시작한다. 우리 자녀들이 하루하루 행한 일들에 대해 "잘 했다. 나의 착하고 충성스런 종들아"라는 말을 들을 수 있도록 도와준다면 우리는 그 삶의 마지막을 걱정할 필요가 없다. 매일 하나님의 존재와 그의 뜻 안으로 걸어 들어간다면 삶의 마지막에 들을 말은 "잘 했다. 나의 착하고 충성스런 종들아"라는 말이 될 것이다. 그러므로 우리는 하루에 한 번씩 그 말을 음미하여야 한다.

돈을 빌리는 것과 빌려주는 것

돈을 빌려주고 빌려오는 것의 성경적 의미는 오늘날의 금융 시스템과 같은 것이 아니다. 그것은 곤경에 빠진 가난한 사람들을 도와주는 것이다. 성경에서 빚은 금지되어 있지는 않으나 권장되지도 않고 있다. 성경에서는 빚에 대해 언급할 때마다 반드시 경고가 함께 등장한다. 그러므로 하나님께서 마련하신 우리의 바람직한 경제생활 코스에는 빚이라는 것이 존재하지 않는 것 같다.

성경에서는 우리에게 남을 위해 보증을 서지 말라고 가르치고 있다(돈을 갚을 확실한 방법 없이는 대신 갚을 의무를 지지 말라—잠언 11:15; 17:18; 20:16 참고).

오늘날 보증의 한 예는 연대보증이다. 어쩌다 우리가 보증을 선 사람이 돈을 갚지 못할 수도 있다. 공동 보증이므로 돈을 갚을 의무를 내가 전적으로 지지 않을 수도 있다는 안도감을 갖게 되기 싶지만 실제로 그 책임을 전적으로 지는 경우가 허다하다. 우리가 돈을 가지고 있다면 보증을 서기보다는 그 돈을 빌려주거나 아예 주어버리는 편이 더 낫다.

빚이 우리가 살 수 없는 것을 가질 수 있게 해 주는 것처럼 연대보증은 우리가 실제로 돈을 빌려줄 여유가 없을 때(빚의 상환을 책임짐으로써) 돈을 빌려줄 수 있는 능력을 갖게 해주기도 한다.

보증을 서지 말라는 또 다른 이유는 경제생활 또는 다른 종류의 성장을 위해 하나님께서 계획을 가지고 계시기 때문이다. 하나님께서는 작은 것에 충성해야 함을 우리가 배우고 증명할 수 있도록 도와주신다. 그런 후에 더 많은 것을 주신다. 빚을 갚을 능력이 없는 사람에게 신용제공을 거절하는 것은 하나님의 시스템에 부합하는 것이다. 빚을 허용하면 그들이 어려움을 극복하고 하나님의 점진적인 발전계획에 동참하는 것을 막을 수도 있기 때문이다. 우리가 어떤 사람의 빚보증을 서면 하나님께서 그 사람 앞에 안전장치로 마련해 놓으신 장애물을 뛰어넘게 한 것이다. 우리가 여유가 없을 때 다른 사람을 보증서게 하는 것도 마찬가지 잘못을 저지르는 것이다.

오늘날 널리 이용되고 있는 신용카드는 하나님의 시스템을 거스르는 것이다. "원하는 것을 먼저 갖고 그 다음에 그것을 통제할 수 있는 경제적 책임감을 키워라." 이처럼 신용카드를 사용하는 마음에는 재정적 안정을 위해 견고하고 안전한 길을 택하려는 동기가 없다. 우리는 "통제할 수 있는 능력을 갖게 된 후에야 통제할 물질을 주시는" 하나님의 재무 시스템을 뛰어넘는 행동을 하고 있다. 쉽게 빚지고 빚에 의존하는 삶이 우리 사회에 널리 퍼져 있지 않았다면 우리는 재무문제를 해결하는 다른 방법, 하나님께서 가르쳐 주신 정말 옳은 방법을 찾으려고 했었을 것이다.

그 옳은 방법은 우리로 하여금 먼저 문제의 원인을 자세히 살펴보게 만든다. 그 다음에 문제의 원인을 찾았으면, 한 순간을 위해서보다는 궁극적인 선을 위해 문제를 다루는 법을 생각해보게 할 것이다. 그것이 하나님께서 우리를 위해 마련하신 자연스런 성장 계획이다. 우리가 하나님의 진리를 거역한다면 우리는 그에 걸맞는 결과를 맞게 될 것이다.

문제가 발생하기 전에 하나님의 원리를 배우고 그대로 살 수 있다면 더 좋다. 그러나 문제가 닥친 후에는 하나님의 지혜를 구하기 위해 기도하고 하나님의 말씀과 신앙심이 깊은 사람들에게서 해결책을 찾도록 해야 한다. 그런 후에 우리가 배운 것을 받아들이고 그것을 적용하기 시작한다. 그리고 하나님께서 우리의 문제를 해결해 주실 것을 믿어야 한다.

그것이 하나님이 마련하신 성장과정이다.

올바른 신용생활의 뒤에 숨어 있는 원리는 생활의 다른 부분에도 적용된다. 이는 아주 중요한 생활원리이다. 우리는 자녀들에게 신용의 사용법을 기초부터 가르쳐야 한다. 하나님의 점진적인 성장 계획을 따르도록 가르쳤는데 안 좋은 문제가 생겼을 때, 그 때는 단순히 재무문제를 다루는 것 이상의 것을 자녀들을 위해 준비해야 한다.

예를 들어 우리 자녀들이 결혼했는데 그들 사이의 관계가 불안정하다고 하자. 여기 흥미로운 관계가 하나 알려져 있다. 결혼생활의 문제는 거의 돈 문제 때문에 발생한다. 하나님의 성장 계획과 원리는 돈 문제와 결혼문제 모두에 적용된다.

잘못된 재무원리를 따랐을 경우 우리는 돈 문제를 겪게 된다. 그럴 때 대체로 사람들은 빚을 지거나 아니면 다른 신속한 처방을 원한다. 그러면 문제를 더욱 악화시킬 가능성이 많고 결국은 대안이 없는 상태에 이르게 될 것이다. 그런 상황에서 하나님의 원리를 선택하지 않는다면 파산에 이르는 수밖에 없다.

결혼생활에서 관계가 나빠지기 시작할 때도 우리는 마찬가지로 신속한 해결을 원한다. 문제를 고의로 무시하거나 잊어버릴 때까지 서로에게 말하지 않음으로써 문제를 악화시키는 경우도 많다. 더 나쁜 것은 서로에게 마음을 닫아걸고 냉정해져 버리는 것이다. 이 시점에서는 부정적인 관계가 더 악화된다. 즉 다른 말로 빚은 점점 더 많은 다른 빚을 지게 하는 것이다. 우리는 그 빚이 점점 커지는 것을 볼 수밖에 없다. 어떤 결혼문제가 표면화되면 그걸 가지고 이야기를 하는 대신 문제를 다른 데로 돌리기 위해 하루 밤 또는 주말 휴가를 보내느라 돈을 써버리는 것이다.

배우자와 즐거운 시간을 갖기 위해 돈을 쓰는 것을 나무랄 수는 없다. 그러나 우리가 그럴 여유가 없는데도 그렇게 한다면 문제를 잊어버리게 되고 결국에는 문제를 키우게 된다. 하나님의 성장 계획이 아닌, 신속한 땜질처방 식의 해결을 계속한다면 그 결혼은 결국 파산, 즉 이혼에 이르게 될 것이다.

반면에 우리가 자녀들에게 가르친 하나님의 원리는 생활의 많은 다른 부분에 이익을 제공한다. 그 원리는 우리 자녀들을 여러 문제에서 지켜줄 단단한 기반이 된다. 자녀들에게 적절한 신용관리를 가르칠 때 우리는 그런 문제를 다루는 하나님의 시스템을 가르칠 수 있다. 신용관리의 영역에서 배운 실제적인 원리는 어떤 문제 상황에서도 같은 방식으로 작용한다.

결혼의 예로 돌아가 보자. 그들이 하나님 원리로 무장되어 있다면 신속한 땜질처방 대신 하나님의 지혜와 말씀을 구하고 필요하다면 신앙적인 상담을 받을 것이다. 그렇게 되면 그들의 결혼이 이혼으로 끝나는 대신, 하나님 원리에 따라 사는 삶으로 변할 것이고 결혼은 유지될 것이다.

빚과 신용에 대한 문제를 자녀들에게 가르칠 때 우리가 더하여 가르칠 수 있는 또 다른 원리는 신의이다. 우리는 자녀들에게 꼭 지킬 수 있는 약속만 하게 하고 또 그 약속을 꼭 지키도록 가르쳐야 한다. 아프리카에는 이런 속담이 있다. "약속은 빚이다." 그 말은 정말 사실이다. 약속은 신중하게 해야 할 성질의 것이다.

이런 진리를 가르친다는 것이 거대하고 무시무시한 삶의 원리를 가르치라는 것 같이 들릴 수도 있다. 그러나 그 원리를 특별한 문제에 적용시키는 경우, 가령 빚을 지지 말라는 것을 설명하고 가르칠 때 그것은 자녀들에게 기본 가치를 가르치는 쉬운 방법이 될 수 있다.

저축과 투자

저축과 투자 영역에서의 훈련을 통하여 우리가 자녀들에게 가르칠 수 있는 기본 원리는 무엇인가? 첫째는 저축이 비영적인 행위가 아니라는 것이다. 그리고 그것은 미래에 대한 불신을 표시하는 행위도 아니다. 이런 행동은 우리가 하나님의 자녀로서 배우고 연습해야 할 행동이다. 돈을 저축하면 미래의 욕구충족을 위해 쓸 돈을 저장해 놓을 수 있다. 너무 자주 모든 이들이 이용하는 신용카드 대신 말이다.

차용은 저축의 반대개념이다. 신용카드를 쓰는 것은 지금 소비하고 나중에 지불하는 것이다. 그런데 구매 가격에 이자가 붙기 때문에 나중에 지불할 때 문제가 더 심각해질 수 있다.

하나님의 말씀 안에서 배울 수 있은 더 좋은 개념은 장기적인 목표를 위해 단기적인 희생을 감수하는 것이다. 저축을 하기 위해서는 계획하고 예산을 짜는 일이 중요하다. 계획과 예산이 없으면 평생동안 빚에 의존해야 할 것이고 빚이 생활의 한 방편이 될 것이다. 저축은 우리에게 외상이 아닌 방식으로 물건을 사는 습관을 들이게 하고 항상 최선의 조건에서 거래를 하게 만든다.

자녀들에게 외상으로 물건을 사는 대신 저축을 하도록 가르친다면 우리는 그들에게 두 가지 기본적인 원리—첫째는 책임감이고 둘째는 교환수단으로서의 돈에 대한 이해와 신앙적 책임의식에서 오는 지혜—를 가르칠 수 있다. 이 두 원리는 다른 생활영역에서의 인생을 변화시킬 수 있는 기본적인 원리의 기반이 된다. 그러나 우선 그 두 가지 원리를 먼저 다루어 보자.

외상으로 물건을 산다면 충동구매를 하게 되기 쉽다. 왜냐하면 '나는 꼭 그것이 필요해' 병과 '나는 그걸 가질만한 자격이 있어' 병에 의한 결정을 하기 때문이다. 이런 사고방식은 현명한 소비와 조화되기 어렵다. 우리의 감정은 이성보다 더 구매를 원한다. 이런 동기를 가지고는 감정을 통제하고 구매를 재고하기 어렵다. 그리고 세일 때까지 기다리거나 가격을 여러 곳에서 비교해볼 때까지 기다릴 수 없게 된다.

이런 일들이 발생하는 원인 중 하나는 돈의 가치에 대한 올바른 평가를 할 수 없게 되었기 때문이다. 우리가 신용카드로 물건을 사고 서명할 때 우리는 돈을 쓴다는 느낌을 갖지 않게 된다. 실제로 그 순간에 우리는 돈을 지불하지 않는다. 잘못된 구매임을 느끼는 것은 산 물건이 닳아 없어지거나 깨져버렸는데 아직 갚아야 할 물건 값이 남아 있을 때이다.

이제 다른 면도 살펴보자. 우리가 열심히 일하고 저축하기 위해 원하는 것을 희생했을 때 우리는 충분한 정보를 얻어 차분한 상태에서 의사결정을 할 수 있다. 그리고 다른 흥미있는 일도 발생한다. 일정 기간 저축을 하면 일 달러의 가치가 얼마나 커질 수 있는가를 직접 체험할 수 있게 되는 것이다. 우리의 태도가 변하고 최대한의 가치를 얻으려는 마음도 현저하게 커질 것이다.

이런 측면에서 자녀를 시험해 보라. 일 주일 동안 일정량의 저축한 돈을 쇼핑할 때 쓸 수 있다고 해 보라. 또 다음에는 같은 액수의 돈을 주면서 원하는 대로 쓸 수 있다고 해 보라. 결과가 어떨지 짐작할 수 있을 것이다.

우리가 자녀들에게 저축을 가르칠 때, 먼저 준비하도록 도와주어야 할 것들 중 하나는 청지기적 책임감이다. 우리는 즉흥적인 차용 사용과 즉흥적인 의사결정을 지양해 왔다. 우리는 자녀들이 돈을 교환의 수단으로 보도록, 그리고 돈의 사용과 관련된 의사결정에서 책임있는 청지기가 되는 것이 얼마나 중요한가를(모든 것은 하나님의 것임을 기억하라) 이해하도록 도와주어야 한다.

이 과정을 어린 자녀들에게 가르칠 때 우리가 할 수 있는 가장 좋은 방법 중 하나는 쇼핑을 가기 전에 무엇을 살 것인지 미리 결정하게 하는 것이다. 자녀들에게 "다음 주에 먹을 것들을 사기 위해 이제 시장에 갈거야. 네 돈으로 무언가를 사기를 원한다면 (가격한도를 정해 주면서) 그것은 사도 좋아. 그러나 그 외의 것은 안 돼"라고 처음부터 말하라. 여러 번 이 말을 되풀이하면 어떤 규칙이 세워질 것이다. 자녀들은 돈이 있더라도 처음부터 원했던 어떤 것 외에는 살 수 없다는 것을 연습하게 될 것이다. 이렇게 하면 우리는 자녀들과 쇼핑에 대해 토론할 수 있는 기회를 갖게 된다. 자녀들이 쇼핑하면서 원래 약속한 것 이상을 사고자 하면 그들이 다음 쇼핑에서 그것을 사도록 저축하고 계획하는 법을 가르쳐야 한다.

자녀들에게 미래에 대해 계획을 세우고 그 계획을 달성하기 위해 저축하는 법을 가르치면 그들은 덜 감정적으로 행동할 것이고 미래 계획에 지장을 줄 충동구매도 삼가할 것이다. 그들은 또 자신의 행동 결과와 그들이 내린 결정의 결과를 보게 될 것이고 그것에 대해 흐뭇해할 것이다.

여기 우리 자녀들이 이미 배우기 시작한 인생을 변화시킬 기본 원리가 있다. 그것은 모든 결정은 미래에 영향을 미친다는 것, 그러므로 하나님의 원리에 근거해서 모든 결정을 좋은 결정이 되게 만들어야 한다는 것이다.

우리는 어린 자녀들이 그들의 목표를 달성하고 거기에 만족하도록 도와주어야 한다. 그러나 나쁜 구매습관이 든 나이 든 자녀들은 나서서 도와주지 말아야 한다. 그들은 자기 행동의 결과가 어떤 것인지 직접 경험할 필요가 있다.

나(래리)의 둘째 아들은 이런 문제를 십대 때 경험했다. 우리는 두 아들에게 옷을 살 돈을 주고 현명한 구매에 대해 설명한 다음 약간의 불안감을 가지고 둘을 쇼핑몰에 데려다 주고 왔다. 두 시간 후에 우리는 약속한 곳에서 다시 만났다. 큰아들은 현명하게 원하던 물건을 샀다. 둘째는 몇 개의 양말을 샀다. 그리고 지금 가지고 있는 옷을 앞으로 6개월 정도 더 입어도 무리가 없을 거라고 생각하고 남은 돈으로 계획에 없던 스케이트보드를 사버렸다. 우리는 그가 그 행동의 결과를 직접 경험하기를 바랬다. 그래서 스케이트보드를 반환하지 않고 그대로 두었다.

스케이트보드를 배우면서 그 애는 수없이 긁히고 구르고를 반복했고 그 애의 옷은 누더기가 되었다. 학교가 막 시작될 9월에 둘째 애가 입을 옷은 성한 게 하나도 없었다. 그의 청바지는 무릎에 구멍이 났고 양말도 낡아서 신발 속으로 발가락이 삐져나올 지경이었다. 그는 그런 모양으로 학교에 갔다. 이런 차림은 그 아이뿐만 아니라 부모인 우리를 당혹하게 했다. 그러나 다음에 옷을 살 용돈을 줄 약속한 시간이 될 때까지 그는 그의 행동이 가져온 결과를 충분히 경험했다.

아이들에게 그들 행동의 결과를 직접 경험하게 함으로써(물론 그 경험은 안전한 것이어야 한다) 미래에 자신의 행동결과를 미리 고려하도록 가르칠 수 있다. 하찮은데 소비하고 싶은 유혹을 느낄 때, 그들은 계획하고 기다리는 것이 낫다는 것을 배우게 될 것이다. 이런 식으로 자녀들은 즉흥적인 결정보다 하나님의 원리에 기초한 신중한 의사결정을 내리게 될 것이고 그 결정의 장기적인 효과를 배우게 될 것이다.

이제 우리 자녀들은 단단하게 다져진 기반 위에서, 큰 피해를 주는 유혹이나 또래집단의 압력에 당당하게 직면할 수 있을 것이다. 우리는 자녀들이 일시적인 만족이나 감정적인 충족감을 그들 삶의 기준으로 삼기보다는 마음속에 항상 미래를 염두에 두고 현명한 선택을 할 수 있도록 도와줄 플랫포옴을 건설해 온 것이다.

자녀훈육기술은 자녀들을 성공적으로 이끌어 주고, 자녀들에게 하나님의 원리를 가르치고, 그들이 그 결과와 보상을 받아들이고 인식하도록 도와준다. 자녀들에게 벌을 줄 때, 단지 자녀들이 우리가 말한대로 하지 않았고 우리가 그들보다 나이가 많다는 이유로 그들이 벌을 받고 있다고 생각하도록 내버려 두고 싶지는 않을 것이다.

자녀들에게 벌을 줄 때는 그들에게 성경이 무엇을 가르치고 있는지 보여주어야 한다. 즉 하나님의 원리를 따르면 좋은 일이 일어나고 보상을 받게 되지만 우리가 그 원리를 거역하면 일도 잘 안되고 벌을 피할 수 없는 상태가 될 것임을 보여주어야 한다. 우리가 "나도 너만큼 이걸 미워해. 그렇지만 네가 나중에 더 큰 문제를 겪지 않도록 네게 벌을 주어야만 되겠구나. 너를 사랑하기 때문에 벌을 주는 거야. 나는 네게 가장 좋은 것이 있기를 원한다"라고 말할 때 자녀들은 우리 말을 믿을 것이다.

"초달을 차마 못하는 자는 그 자식을 미워함이라 자식을 사랑하는 자는 근실히 징계하느니라"(잠 13:24). 이 경우 우리는 부모로서 자녀들에게 우리의 사랑을 보여주고 자녀들이 세상에서 상처받지 않도록 보살펴 줄 더 중요한 원리를 자녀들에게 가르치기 위해 돈을 저축하고 돈을 현명하게 쓰게 하는 훈련을 이용할 수 있다.

우리 자녀들이 나이를 먹어가면서 투자를 하게 될 때도 같은 원리를 적용할 수 있을 것이다. 투자할 때 장기적인 목표나 계획을 갖는 것이 필요하다는 확신을 주고 현명하게 투자하도록 우리는 자녀들을 도와줄 수 있을 것이다. 나아가 그들이 마음을 바꾸어 무언가 다른 곳에 돈을 써버리고자 할 때 원래 계획한대로 투자하도록 도와줄 수 있을 것이다.

예산짜기

우리는 이 장의 서두에 힘들게 예산을 작성하고 그에 맞게 생활한 것의 대가가 어떤 경건하고 멋진 원리를 가져올 수 있을 지 확신을 갖지 못한 상태에서 출발했다. 예산은 자녀들의 생활에 하나님의 원리라는 요새를 쌓도록 도와준다. 우리가 해야 할 첫번째 일은 자녀들을 이해시키기 위해 간단하고 기본적인 예산짜기를 가르치는 것이다. 그 후에 일단 한번 학습이 되면 그들을 다음 단계로 이끌어야 한다.

자녀들에게 지금까지 이야기해 온 것들을 경험하게 하기 위해서는 자녀들이 돈을 얻는 순간 그 돈을 여러 목적에 맞게 배분할 수 있도록 가르쳐야 한다. 그것이 예산이다. 예산생활은 우리가 배운 모든 다른 재무교육원리 중에서 가장 기본이 되는 것이다. 아주 어린 자녀들에게도 돈을 헌금과 저축과 소비에 배분하도록 가르쳐야 한다. 이것을 한 번 경험하면 자녀들은 각 범주에 대해 정해진 액수를 맞추는 법을 배워야 한다. 이것은 자기통제(하나님과 자기 자신에 대한 약속을 지키는 것)나, 신뢰감(하나님과 다른 이에 대한 약속을 지키는 것)을 쌓는 기초가 된다.

우리는 어떻게 장기적인 재무설계가 자녀들로 하여금 그들을 위한 하나님의 계획을 구하도록 가르치는 기본도구가 될 수 있는지 설명해 왔다. 또 어떻게 여러 가지 중간목표 설정이 그 기본 도구의 기초를 뒷받침하는지에 대해서도 논의해 왔다. 그렇다면 예산의 역할은 무엇인가? 예산은 무엇을 가르칠 수 있는가? 대답은 간단하다. 이번 주나 이번 달에 대한 계획이 없으면 우리의 중간목표나 장기적인 재무계획이 어느 만큼 달성되고 있는지 또는 달성가능한지를 파악할 수 없다.

예산생활이 자녀들의 삶에 심어줄 수 있는 가장 중요한 것은 그들의 선택과 미래가 명백하게 일치할 것이라는 사실이다. 즉 그들이 오늘 그리고 이번 달에 어떻게 의사결정을 하고 행동하는가가 그들의 앞날과 하나님께서 그들을 위해 예비하신 것들에 영향을 줄 것이라는 것이다.

시간관리와 생활관리는 정확하게 같은 방향으로 나 있는 길이다. 계획을 세우고 그 계획을 위해 일하는 사람, 삶과 시간에 대한 계획을 세울 수 있는 사람, 그리고 계획을 달성하기 위해 시간을 관리하는 사람은 하나님의 보호 안에서 목표를 달성할 사람이다. 우리가 단순히 예산의 기초에서 시작해도 그 원리를 시간관리와 생활관리에 적용시키면 훌륭한 결과를 얻게 될 것이다.

자녀들의 예산관리는 간단한 몇 개의 범주에 용돈을 배분하는 것으로부터 시작한다. 이와 마찬가지로 우리는 자녀들에게 그들의 삶이 몇 개의 서로 다른 목표로 나누어져 있음을 가르쳐야 한다. 이것은 그들에게 매일의 기도생활을 가르치고 또 언제 숙제를 하고 언제 일을 하며 언제 쉬어야 하는지에 대한 의사결정을 할 때 그들을 도와준다. 우리 중 몇 명이나 우리 자녀들에게 하나님이나 가족, 친구와의 관계를 발전시키기 위해 계획을 짜고 시간을 쓰도록 가르쳐 왔을까? 예산은 우리 자녀들에게 지혜를 가르치기 시작할 좋은 빌미가 된다.

우리 자녀들에게 이 모든 서로 다른 기초적인 재무원리를 가르치면서 얻을 수 있는 또 다른 이익은 그것이 자녀들에게 주게 될 자신감과 안전감이다. 우리 인생이 몇 개의 기본적인 원리에 의해 지배됨을 깨달은 자녀는 이미 문제를 깨달은 것이고 그는 인생을 두려워하지 않게 될 것이다. 그 깨달음은 하나님께서 그들에게 주신 것이 무엇이든, 또 그것을 무엇이라 부르건 간에, 자녀들에게 삶의 방향과 자신감, 그리스도 안에서의 가치를 느끼게 할 것이다.

돈과 재물이 우리의 목표가 아니어야 하는 이유는 이것들이 악한 것이기 때문이 아니다. 그것보다는 우리와 우리 자녀들이 돈에 모든 에너지를 쏟게 되면 하나님의 원리와 타협하고 나아가 우리의 청지기로서의 의무와도 타협하기 쉽기 때문이다. 그러나 하나님을 기쁘시게 하는 것—하나님 청지기로서의 의무를 지키는 것—을 우리의 목표로 삼으면 재무문제안에서 하나님의 원리를 배우게 될 것이다. 그러면 우리는 그 원리를 우리 생활의 모든 부분에 적용할 수 있게 될 것이고 참된 재산이 무엇이고 부자가 무엇인지 깨닫게 될 것이다.

1993년에 미국에서 2,850만 명의 청소년들이 소비한 돈은 280조 달러에 달했다. 또 가계소비액 중에서도 1,550조 달러가 청소년들을 위해 소비된 것으로 추정되었다(어떤 조사에서는 위 숫자가 각각 900조 달러와 2,000조 달러만큼 높게 추정되기도 했다).

10대 청소년을 겨냥하여 그 새로운 깃발을 내건 곳은 쇼핑몰이다. 전국 규모의 한 조사에서는 십대 청소년 10명 중 9명이 쇼핑을 하거나 친구와 어울리거나, 단지 놀기 위해서 지역 쇼핑몰을 찾는다고 대답했다. 한 번 쇼핑몰에 갈 때마다 십대 청소년들은 평균 32.68달러를 쓴다. 나이별 차이를 한 번 보자.

- 십대 초반 - 한 번에 10달러 미만
- 십대 중반 - 한 번에 16달러에서 40달러
- 십대 후반 - 한 번에 41달러에서 51달러

십대들의 쇼핑몰 방문횟수는 한 달에 3번 정도이다.

돈을 소비하는 것 외에 돈을 가지고 다른 일을 하는 청소년은 거의 없다. 그리고 그들은 다른 일을 해 보도록 교육받은 적도 없다. 한 조사에 의하면 청소년의 66% 이상이 한 달에 한 번 이상 용돈이 떨어진 경험이 있다고 대답했고 50%는 매주 그런 경험을 한다고 대답했다. 이 숫자는 우리가 의도적으로든 아니든 간에 자녀들에게 가르치고 있는 원리가 무엇인지를 보여주고 있다.

- 오늘을 위해 살아라.
- 네 인생은 네가 무엇을 얼마나 많이 가졌는지에 따라 달라진다.
- 인생의 목표는 쾌락과 소비다.
- 내일을 위한 계획같은 건 필요없다. 정부가 모든 걸 보살펴 줄 것이다.
- 우리 청소년들의 교회는 쇼핑몰이다. 세일 팜플렛과 카탈로그는 우리의 성경이다.

자녀들을 위한 재무교육의 개념은 아주 간단하다. 다시 요약해 보자. 그것은 하나님의 성장원리에 기초한다. 우리는 자녀들에게 단순한 일에서부터 책임감과 보상의 개념을 적용하여 하나님의 원리를 적용하도록 가르쳐야 한다. 그 다음에 거기서 배운 원리를 다시 좀더 복잡한 영역에도 적용시켜 가야 한다. 우리 자녀들은 이해하기 쉽고 실제적인 일에 하나님의 원리를 적용시키고 그 결과를 보게 될 것이다. 물론 다음에는 더 복잡하고 어려운 상황에서도 같은 원리를 적용하고 그 결과를 보게 될 것이다. 돈 문제는 분명하고 실제적인 경험이므로 자녀훈련을 위한 첫번째 주제로 아주 적당한 것이다.

"네 보물 있는 그 곳에는 네 마음도 있느니라"(마 6:21). 우리는 자녀들에게 그들의 재물을 어디에 쌓아두어야 하는지 가르쳐야 한다. 그런 후에 그들을 격려하고 그들의 마음이 따라가는 곳을 주의깊게 바라보도록 해야 한다. 그 결과 자녀들은 현명한 하나님의 청지기이면서 강한 신앙인으로 자라나게 될 것이다.

〈자녀와 함께 해봅시다〉

일년 동안 여러분의 손을 거쳐 나가는 돈은 얼마인가? 성인들조차 이 문제에 답하는 데 어려움을 느낄 것이다. 어린이의 경우는 말할 것도 없다. 자녀들에게 5부에 나오는 예산개념을 가르치기 위해 다음 질문지를 복사해서 빈 칸을 채우게 해 보아라. 그러면 그들이 일 년에 얼마나 많은 돈을 소비하는지 대강이라도 감을 잡게 될 것이다.

여러분이 얼마나 썼는지 알아봅시다

아래의 빈 칸에 여러분이 일 년 동안 평균적으로 쓰는 액수를 써 보세요. 작년 일 년 동안 쓴 내용을 기억하기가 힘들다면 가장 가까운 한 달 동안 쓴 액수에 12를 곱해서 계산하세요. 아마 놀랄거예요.

▶ 용돈 : 일주일 단위로 용돈을 받는다면 그 액수에 52를 곱하세요.

계: _____ 원

▶ 각종 아르바이트 수입 : 만일 아르바이트를 했었다면 그 각각의 일에서 얻은 액수를 적고 모두 합하세요. 예를 들어 신문배달이나 아기보기, 잔디 깎기 등을 했을 거예요.

1. _____ 2. _____
3. _____ 4. _____
5. _____ 6. _____

계: _____ 원

▶ 부모님께서 주신 기타의 돈 : 아마도 여기에는 쇼핑 중에 부모님께 빌리고 안 갚은 돈이나 특별한 용도에 쓰도록 받은 특별 용돈, 소풍 비용 등

이 포함될 거예요. 제시된 보기 이외의 내용은 직접 적으세요.

1. 점심값 : _____ 2. 소풍비용 : _____
3. 상금 : _____   4. 선물 : _____
5. _____   6. _____
                        계: _____ 원

▶ 생일축하금 :

계: _____ 원

▶ 크리스마스 용돈 :

계: _____ 원

▶ 각종 축하금 : 부모님 외에 친척이나 친구들이 준 돈
1. _____   2. _____
3. _____   4. _____
                        계: _____ 원

▶ 기타 : 위에서 말한 것 외에 생긴 다른 돈
1. _____   2. _____
3. _____   4. _____
                        계: _____ 원

자 이제 위의 액수를 모두 더하세요

총액: _____ 원

돈은 모두 어디로 갔을까요?

일 년 동안 여러분의 손을 거쳐 나간 돈이 생각보다 많다는 것에 놀라지 않았습니까? 자 이제 이런 가능성에 대해 생각해 보세요. 여러분이 소비를 미리 계획했었다면 저축할 수도 있었을 그 돈으로 무엇을 했으면 좋

았을까요? 목록을 적어 보세요.

1. _____ 2. _____
3. _____ 4. _____
5. _____ 6. _____

이제는 실제 그 돈으로 무엇을 했는지 적어 보세요. 사용한 돈이 내게 얼마만한 가치가 있었다고 생각합니까?

1. _____ 2. _____
3. _____ 4. _____
5. _____ 6. _____

자, 다음엔 위의 두 목록을 비교해 보세요. 어떤 것이 더 만족스러운 결과를 가져왔을까요? 다음해에도 똑같은 액수의 돈이 들어온다면 이제 그 돈을 어떻게 쓰겠습니까?

1. _____ 2. _____
3. _____ 4. _____
5. _____ 6. _____

연습문제

1. 가족과 함께 이야기를 나누어 보자. 내 마음을 그대로 반영하는 방식대로 돈을 썼던 경험이 있는가?(어린이들에게는 돈 대신 장난감 같은 것을 함께 가지고 논 경험을 이야기하게 하라.)

_____
_____

2. 교회에 십일조나 헌금을 했을 때 충족되는 욕구들은 어떤 것들인가?(교회가 십일조를 어떻게 쓰는지 모른다면 자료를 요청하라.)

3. 자녀들이 지금 가진 것에 만족하도록 가르치려면 어떤 방법이 있을까? 텔레비전 광고의 유혹에는 어떻게 저항하라고 가르치겠는가?

4. 왜 장기적인 재무설계가 중요할까? 배우자와 함께 장기적인 목표에 대해 이야기를 나누어 보라. 그리고 자녀들과도 이야기하라. 자녀들이 계획을 세우고 그 계획대로 실천할 수 있도록 도와주라.

5. 필요한 것을 얻기 위해 돈을 빌리는 것이 왜 바람직하지 않은가? 실제 이런 경험이 있는가? 그 결과는 어땠는지 이야기해 보라

6. 필요한 걸 얻기 위해 빚을 지는 것보다 저축을 해서 원하는 걸 얻는다면 어떤 점이 좋을까? 저축을 해서 물건을 사면 왜 더 좋은 조건으로 거래하게 되는가? 저축계획을 세우고 저축목표를 정해보라.

7. 자녀들에게 예산 세우는 방법을 가르치면 인생의 다른 부분에서도 자신감을 갖게 된다. 왜 그럴까? 몇 가지 예를 들어보라.

_____
_____

8. 부모들이 의도적이든 의도적이지 않든 자녀에게 나쁜 원리를 가르치고 있는 경우는 없는가? 어떻게 이런 문제를 예방하고 도움이 될 원리를 가르칠 수 있을까?

_____
_____

4부

자녀 교육에 접근하기

7장 자녀에게 이 모든 것을 어떻게 이해시킬까?

"중요한 것은 마음이다!"라는 말을 들어보았을 것이다. 그러나 그 말이 사실이었던 실제 상황을 본 적이 있는가? 야고보는 행위가 없는 믿음은 죽은 것이라고 했다. 실행되지 않는 친절한 생각과 의도는 죽은 것이다.

또한 잘못된 표현으로 동기를 오도하게 되면 생각과 행위도 소용없게 된다. 잘못한 것을 보상하기 위하여 아내에게 꽃을 사주거나 남편에게 좋아하는 잡지나 초콜릿을 사준다고 해 보자. 당신은 집으로 걸어 들어가 텔레비전을 켜면서 "그래, 내가 잘못했어. 이제 사이좋게 지내봅시다"라고 중얼거리며 배우자 앞에 선물을 내던진다고 하자. 생각과 의도가 아무리 좋았다 할지라도 그 표현은 실패한 것이다. 여기서 "헤이, 중요한 것은 마음이라구!"라는 말로 위기를 모면하려 하지 말라.

재무영역에서의 부모역할 하기 또는 어떤 종류의 부모노릇도 마찬가지이다. 중요한 것은 단지 마음만이 아니다. 노력과 그 노력의 표현이 일을 성공하게 하는 것이다.

"내가 사람의 방언과 천사의 말을 할지라도 사랑이 없으면 소리 나는 구리와 울리는 꽹과리가 되고, 내가 예언하는 능이 있어 모든 비밀과 모든 지식을 알고 또 산을 옮길만한 모든 믿음이 있을지라도 사랑이 없으면 내가 아무 것도 아니요 내게 있는 모든 것으로 구제하고 또 내 몸을 불사르게 내어 줄찌라도 사랑이 없으면 내게 아무 유익이 없느니라"(고전 13:1~3).

할 수 있는 한 우리가 완벽한 부모가 되어 이 성구에 기록된 위대한 일을 성취하도록 아이들을 가르친다 하더라도 사랑이 없으면 아무 유익이 없을 것이요, 우리와 우리 자녀들이 행복하게 될 수도 없을 것이다. 바울은 이러한 성취를 흠잡으려고 하거나 행위 없는 사랑만을 주장하려 한 것이 아니다. 이 성구에는 면밀하게 살펴볼 필요가 있는 두 개의 단호한 구절이 있다. 그것은 "사랑이 없으면 내가 아무 것도 아니요"와 "사랑이 없으면 내게 아무 유익이 없느니라"이다.

예수님은 가장 위대하고 가장 중요한 두 가지 계명은 하나님을 사랑하고 이웃을 사랑하는 것이라고 말씀하셨다. 이 둘은 하나님께서 우리에게 명령하신 모든 다른 것을 포괄한다. 하나님은 사랑이시고 온전히 이타적이시기 때문에 하나님께서 우리에게 명령하신 모든 것은 우리를 위한 것이지 하나님을 위한 것이 아니다. 그러므로 이 두 가지 가장 위대한 명령은 우리의 중심이 어디에 있어야 하며 인생의 참된 축복이 어디에 있는지 이해하는 것을 도와준다.

사람이 그의 인생에서 할 수 있는 가장 위대한 것은 하나님과 사랑의 관계를 맺는 것이다. 두 번째는 다른 사람, 즉 가족, 친구, 그리스도 안에서의 형제자매들과 관계를 맺고 그들을 사랑하는 것이다. 이 두 가지 일은 충만함을 가져온다. 하나님과의 사랑의 관계와 다른 사람들과의 사랑의 관계는 실로 인생의 모든 것이라고 해도 좋다. 다른 것은 모두 인생이라는 무대의 배경에 불과하다.

바울의 두 가지 확실한 주장 중의 첫째는 "사랑이 없으면 내가 아무 것도 아니요"라는 말이다. "중요한 것은 당신이 무엇을 아는가가 아니라 누구를 아는가이다"라는 말을 들어 본 적이 있을 것이다. 어떤 의미에서 이것은 바울이 말한 것과 같은 말이다. 우리가 누구인가 하는 것은 우리가 아는 것, 이해하고 있는 것이나 미래 사건에 대한 지식, 혹은 가지고 있는 믿음의 분량에 의해 정해지는 것이 아니다. 그것은 우리가 맺고 있는 사랑의 관계와 우리와 하나님 사이의 사랑에 의해 정해지는 것이다.

바울이 말한 것을 보다 명확하게 이해하기 위해서 어떤 사업가의 삶과 죽음에 대해 생각해보자. 사업에서 굉장히 성공했고 많은 재산을 모은 어떤 사람이 죽었다. 그러나 그의 삶의 다른 부분은 완벽하지 못했다. 장례식을 거행하도록 요청 받은 이웃 교회의 목사님은 가족들로부터 이 사람에 관한 것을 알아보려고 하였다. 그러나 그의 자녀들은 목사님과 이야기하기를 거절하였고 장례식에 참석하지도 않겠다고 하였다. 그의 아내도 그에 관해 이야기하기를 원하지 않았다. 그녀는 장례식장에 갔지만, 그것은 누군가가 거기 있어야 하는 것이 법에 정해져 있기 때문이었다. 장례식에서 "나는 내 길을 갔다"라는 노래를 불러 달라던 남편의 부탁도 그녀는 거절하였다. 어쨌든 이 남자의 업적은 후손을 위해 기록되었다. 그러나 우리는 그의 생애를 어떻게 평가할 수 있겠는가? 공정하든 공정하지 않든, 이 남자가 어떤 사람이었는지는 장례식에 온 참석자와 그들의 분위기로 평가받게 될 것이다. 이 남자는 그야말로 "아무 것도 아니었던" 것이다.

바울의 두 번째 주장은 "사랑이 없으면 내게 아무 유익이 없다"는 것이다. 이 주장은 이미 이루어진 어떤 일들이 감명 깊게 나열된 후에 이어서 나온다. 그러나 그 일 자체가 아무 유익이 없다는 것이다. 삶에 유익이 되는 것은 실제로 하나님과의 사랑의 관계와 지금 곁에 있는 이웃과의 사랑의 관계를 맺는 것이다. 어떤 다른 목표도 핵심을 벗어나는 것이다. 그러므로 생각이나 심지어 노력조차도 중요한 것은 아니다.

관계를 발전시키는 데는 사랑이 필요하다. 사랑의 목적은 우리가 다른 사람에게 이야기하는 목소리 억양이나 다른 사람에게 반응하는 방법을 통제하기 위한 것 이상이다. 친절함과 공손함을 갖춘 사람도 여전히 증오에 가득 차 있을 수 있다. 다른 사람을 위해 무엇인가를 한다해도 관계개선을 위해 우리의 사랑과 축복을 전달하지 못한다면, 우리는 소리나는 구리와 울리는 꽹과리와 같아진다.

바울은 그 다음 장에서 대중설교에 대한 이야기를 하는 중에 이와 유사한 비유를 사용하였다. "만일 나팔이 분명치 못한 소리를 내면 누가 전쟁을 예비하리요"(고전 14:8). 우리의 사랑, 노력, 삶, 일의 표현이 하나님과 이웃과의 관계를 깊게 하지 못한다면, 우리에겐 아무 유익이 없다.

예수님의 두 가지 명령은 "하나님과 사람에 대하여 사랑으로 가득한 생각을 하고, 좋은 감정을 가지는 것"을 의미하지는 않는다. 그 두 명령은 우리에게 사랑의 관계를 추구하라고 가르친다. "네 마음을 다하고 목숨을 다하고 뜻을 다하여 주 너의 하나님을 사랑하라." 이 말씀은 하나님과 관계를 맺으라는 것이다. 다른 하나는 "네 이웃을 네 몸과 같이 사랑하라"이다. 바울은 에베소서 5장 29절에서 사람들은 자신의 몸을 싫어하지 않으며 자신의 몸을 먹이고 돌본다고 말하고 있다.

따라서 사랑은 감정과 형식적인 몸짓 이상의 것이다. 그 두 위대한 명령은 위대한 책임이며 인생에서 가장 위대한 두 가지 축복으로, 즉 하나님과의 관계와 이웃과의 관계로 우리를 불러내는 것이다.

고린도전서 13장 마지막 절은 "그런즉 믿음 소망 사랑 이 세 가지는 항상 있을 것인데 그 중에 제일은 사랑이라"고 말하고 있다. 믿음은 우리에게 하나님께서 말씀하신 것이 진리임을 믿고 그에 따라 살아갈 수 있는 능력을 준다. 소망은 우리가 어디로 가고 있는지를 그려보게 한다. 사랑은 우리의 존재 목적, 이 생과 다음 생에서의 목표, 우선 순위, 그리고 궁극적 보상이다. 사랑은 가장 위대한 것이다.

사랑이 재무영역에서의 부모역할에 적용될 때, 그것은 우리가 하는 모든 일에 영향을 준다. 우리가 자녀를 다루는 방식은 반드시 사랑 안에서 이루어져야 한다. 우리가 하는 모든 행동은 자녀와의 관계를 발전시켜서 그들이 우리를 신뢰하고, 배우고, 따르고 싶어하는 갈망을 갖도록 해야 한다. 사랑이 없이는 우리에게 아무 유익도 없을 것이다.

한 마디로 말해서 재무영역에서의 부모역할이란 자녀에게 삶의 모든 영역에서의 하나님의 원리를 가르치고, 가장 기초적이고 실용적인 것으로부터 시작하여 다른 모든 영역에까지 그 원리들을 적용할 수 있도록 돕는 것이다.

이 장은 자녀들을 가르칠 여러 가지 좋은 방법에 관한 내용을 다룬다. 여기에서 다루어지는 모든 접근방식의 원리는 사랑, 즉 자녀와 사랑의 관계를 발전시킨다는 개념에 바탕을 두고 있다. 이것이 기초가 되어야 한다.

재무영역에서의 부모역할을 하려면 실생활에서 자녀들을 가르치고 훈련시킬 기술이 필요하다. 실제로 이것들은 핵심적인 부모역할 기술이다. 진보적인 세대의 사고방식으로는 자녀교육은 정부, 학교, 사회, 교회의 책임이라는 생각이 지배적일지도 모른다. 그러나 사실은 그렇지 않다. 그것은 우리 부모들의 일이다. 다른 사람의 도움을 받을 수는 있어도 가장 중요한 훈련자이며 교사는 부모들이다. 궁극적으로 그 일이 이루어지도록 할 책임은 우리에게 있다.

그래서 우리는 좀더 나은 교사(더 나은 부모)가 되도록 전념해야 하며 또 부모역할 원리를 적용해야 한다. 사랑의 원리는 다른 모든 원리들을 규정짓는 기본원리이다.

9살 때 사랑이 마음에 새겨지면 상담자를 찾을 일이 없다

자녀는 "신탁물"이다. 우리는 짧은 기간 동안 자녀의 생애를 지키는 청지기이다. 하나님께서 부모에게 순종하고 부모를 따르라고 자녀에게 요구하실 때, 그 부모에게는 하나님을 따를 것을 요구하신다.

우리 자신을 베이비시터로 여기고 자녀를 하나님의 자녀로 대할 필요가 있다. 상상을 돕기 위하여 베이비시터의 예를 들어보자. 부모가 집에 당도해서 베이비시터에게 "오늘 어땠어요?"라고 묻는 순간을 상상해 보라. 베이비시터는 이것이 평가의 순간임을 알고 있다. 자녀에 대한 긍정적인 보고를 할 수 있으면 좋다. 그러나 실제로 기초가 되는 질문, 즉 "당신은 어떻게 했습니까?" "자녀를 잘 돌보았습니까?"라는 질문에는 긴장할 수밖에 없다.

만일 하나님께서 자신의 '자녀들'을 오늘 데리러 오셔서 어땠었냐고 물어보실 수도 있다는 생각이 우리를 불안하게 한다면, 우리는 기도하며 하나님의 용서와 도움을 구해야 한다. 하나님께서는 우리와 자녀들을 위하여 가장 좋은 것을 원하신다―이것이 은혜로우신 부모역할이다. 하나님께서는 우리를 도우실 준비가 되어 있으시다.

우리는 하나님 왕국의 상속자인 동료를 대하는 것처럼, 혹은 하나님의 어린 자녀를 양육하는 것처럼 자녀를 귀하게 여기며 가르칠 필요가 있다. 때로 자녀를 어떻게 다루었는지, 무엇을 말하고 행했는지 우리는 잊어버리더라도, 자녀들은 성인이 되어서도 그것을 기억할 것이다. 마치 우리가 어린 시절의 사건들을 기억하듯이 말이다.

우리는 사랑과 용서의 하나님 아버지를 부모역할을 하면서 표현해 내야 한다. 하나님께서 우리에게 참아주시고 친절하신 것처럼, 우리도 자녀들에게 참아주고 친절해야 한다. 하나님께서 용서해 주시고 가르쳐 주시는 것처럼, 우리도 용서해 주고 친절하게 가르쳐 주어야 한다야고보서 1장 5절은 "너희 중에 누구든지 지혜가 부족하거든 모든 사람에게 후히 주시고 꾸짖지 아니하시는 하나님께 구하라. 그리하면 주시리라"라고 말하고 있다. 꾸짖지 아니하신다라는 말은 우리가 하나님께 지혜를 구하기 위해 나아갈 때, "정신차릴 때도 되었구나! 네가 얼마나 어리석었는지 알고 있느냐?"라고 말씀하시지 않음을 의미한다. 하나님께서는 그렇게 말씀하시지 않으신다. 하나님께서는 "너를 사랑한다"라고 말씀하시며, 사랑이 가득한 가르침과 인도하심으로 교육하시기 시작하신다.

우리도 자녀를 사랑으로 가르치면서 그들에 대한 사랑과 인내를 보여 주어야 한다. 그러나 사랑한다고 해서 자녀에 대한 훈련이나 훈육을 중단하는 데까지 나아가서는 안 된다. 만일 우리가 그들을 훈육하거나 바로잡지 않는다면, 성경은 우리가 그들을 사랑하는 것이 아니라고 말한다. "초달을 차마 못하는 자는 그 자식을 미워함이라" (잠 13:24).

9살 때 사랑이 마음에 새겨지면 상담자를 찾을 일이 없다. 지속적인 사랑이라는 든든한 기반과 훈육은 건강하고 균형 잡힌 부모와 자녀의 관계를 이룰 수 있게 해준다.

우리는 다음과 같은 가르침의 기본 요소들을 사용하여 자녀들에게 하나님의 원리를 설명할 것이다.

- 성경 말씀
- 단순한 단어들, 그리고 실제 삶에서의 보기와 비유
- 이유, 그리고 규칙 뒤에 계신 주재자

한 예로 십일조에 대해서 가르친다고 하면, 우리는 아마 창세기 14장에서 멜기세덱에게 십일조를 드리는 아브라함의 이야기를 말해 줄 것이다. 그것은 이야기이므로 자녀의 관심을 끌고 더 쉽게 기억하게 할 것이다(자녀에 나이에 따라 우리 자신이 먼저 읽고 다시 이야기 해준다). 아브라함이 모든 것의 십분의 일을 하나님께 드림으로써 전쟁에서 이기도록 도우신 분이 하나님이심을 모든 사람에게 보여줄 수 있었음을 설명해 줄 것이다.

이제 "네 재물과 네 소산물의 처음 익은 열매로 여호와를 공경하라 그리하면 네 창고가 가득히 차고 네 즙틀에 새 포도즙이 넘치리라"(잠 3:9~10)는 말씀을 읽어주면서 우리 자신에게 대비시켜 본다. 십일조를 드리는 것은 아브라함처럼 하나님께서 모든 것을 소유하고 계시며 그가 우리를 돌보시는 분임을 인정하는 것이라고 자녀에게 설명한다. 그리고 나서 우리 자신이 어떻게 십일조를 시작하게 되었으며 어떤 방법으로 하나님께서 우리를 돌보셨는지 체험한 이야기를 해 준다. 그들이 비율에 대한 개념을 이해하기에 너무 어린 나이라면 1,000원짜리 한 장과 100원짜리 10개를 꺼내어 보여주면서 설명해 줄 것이다.

다음으로 십일조를 하는 이유와 그 주재자에 대해 설명하는 시간을 갖는다. 그 돈이 교회의 지출과 목사님을 위해, 또한 도움이 필요한 사람들을 위해 쓰이는 것이라고 간단히 설명한다. 하나님께서 우리를 사랑하시고 우리의 돈으로 도울 수 있는 사람들을 사랑하시기 때문에 이것은 하나님께 중요한 것이라고 설명을 해야 한다. 하나님께서는 우리를 강인한 그리스도인으로 만드시기 위해 교회를 만드셨다. 하나님께서는 우리를 사랑하시며 우리를 돌보기 원하신다. 하나님께 순종할 때 우리는 하나님의 돌보심을 원한다는 마음을 보여드리는 것이다.

자녀에게 개념을 설명했으면 이제 그것을 보여주어야 한다. 우리가 십일조를 준비하는 것을 볼 수 있게 한다. 십일조가 지출계획의 첫 부분을 차지하며, 돈이 들어왔을 때 가장 먼저 해야 할 일임을 눈으로 볼 수 있게 한다. 가능하다면 자녀가 그 돈을 봉투에 넣고 그 봉투를 교회 헌금함에 넣도록 한다. 그 돈으로 돕게 될 사역자들에 대해 말해 줄 수도 있다. 그들이 음식과 옷을 사는 데 도움을 주는 것이라고 설명해 준다.

십일조의 원리를 가르친 후 자녀들이 그들의 삶에서 실제로 십일조를 할 수 있도록 도와주어야 한다. 그냥 하라고 말할 것이 아니라 같이 해보도록 한다. 그들의 돈에서 하나님께 드리기 위해 하나님의 것을 어떻게 떼어놓아야 하는지 보여주고 그것을 교회 헌금함에 넣도록 상기시켜준다.

자녀가 십일조를 시작했으면, 지속적으로 그 문제에 관해 자녀를 돕는다. 정기적으로 그 원리와 그 원리 뒤에 있는 가르침을 강화시켜줄 필요가 있다. 예를 들어 교회 가는 길에 다 같이 기도한다. 하나님께서 우리와 우리 가족을 돌보시며 교회에 있는 사람들에게 나눠줄 수 있는 기회를 주신 것에 대해 감사한다. 자녀가 준비가 되고 호기심이 많아지면, 성경에서 그 주제에 관해 더 많은 것들을 찾아서 가르친다. 우리는 그런 기회를 찾아야 하고 그것을 위해 기도해야 한다.

부모역할의 정말로 중요한 부분은 하나님께서 일하심을 지켜보고 인지하는 것이다. 예를 들어 만일 하나님께서 우리 자녀에게 더 많은 돈을 벌 수 있는 기회를 열어주신다면, 혹은 그들이 저축한 것에 대해 믿을 수 없이 많은 이자를 받게 되거나 기대치 않았던 곳으로부터 어떤 돈이 들어온다면, 그것은 하나님께서 그들의 믿음과 순종에 상을 주신 것이라는 것과 그것이 하나님께서 그들을 돌보시는 방식임을 지적해 주어야 한다.

지금까지 하나님과 그의 방법에 대해 자녀에게 가르칠 때 접근방식이 중요함을 이야기했다. 우리가 전하고자 하는 주제가 배변훈련에서부터 재무관리에 이르기까지 무엇이든 간에 자녀가 쉽게 배울 수 있고 가능하면 즐겁게 할 수 있는 방법으로 접근할 필요가 있다.

이 장을 마치면서, 다음 사실들을 숙고해 보기를 제안한다.

- 우리의 동기는 사랑이다.
- 우리의 안내책자는 하나님의 말씀이다.
- 우리의 삶이 자녀들에게 본보기가 된다.
- 우리는 같이 배우는 자로서의 태도를 가져야 한다.
- 우리가 자녀를 가르치는 학교는 일상생활이다.
- 우리의 방법은 학생에 따라 독특하다.
- 가르치는 말은 명확하고 쉬워야 한다.

연습문제

1. 자신이 원하는 흥미롭고 성공적인 삶을 사는 어떤 사람의 삶이 아무 가치도 없는 것으로 여겨질 수도 있을까? (고린도전서 13장을 읽어 보라.) 그렇지 않다는 것을 어떻게 보장할 수 있는가? 가족상황에서 이것을 적용할 수 있는 구체적인 방법을 생각해 보고 그것에 대해서 논의하라.

_____

_____

2. 자녀가 단순히 "당신의 것"이 아니라 하나님 나라의 동료 상속자라는 생각이 자녀에 대한 당신의 태도에 어떻게 영향을 줄 수 있는가?

_____

_____

3. 자녀에게 나눔의 중요성과 그로 인한 하나님의 축복을 보여줄 수 있는 구체적이고 실제적인 방법을 기술해 보라.

7장 자녀에게 이 모든 것을 어떻게 이해시킬까? ◆ 141

5부

실제적 지침, 제안, 도구 및 활동

8장 재무교육의 기초원리

이제 일의 성취를 위한 지침, 아이디어, 필요한 자원 등 실제적으로 도움이 될 만한 일들에 주목해 보자.

자녀들이 실생활에서 저축하고 은행구좌를 만들고 투자하고 수입과 지출을 맞추는 일들을 하도록 도와주는 책들은 많다. 이 책이 다른 점은 이런 주제에 대한 성경의 가르침을 소개한다는 것이다.

각 주제에 관해서 재정에 관한 가르침뿐 아니라 하나님과 그의 원리들에 대해서 가르쳐 주는 성경 이야기와 암송 구절, 실제적인 아이디어와 활동들이 제시될 것이다. 우리는 부모들이 재무문제뿐 아니라 일상적인 삶에서 자녀들이 이러한 원리들을 폭넓게 적용하게끔 양육할 수 있도록 도와주고자 한다. 성경전체의 진리와 또한 개별적 진리를 제시함으로써 자녀들이 진리로 잘못을 이겨낼 수 있도록 준비시키고자 한다.

자녀들은 우선 필요, 욕구, 욕망의 차이점을 알아야 한다. 필요란 살아가는 데 기본적으로 제공되어야 하는 필수적인 것으로 음식물, 옷, 직업, 집, 의료혜택 등을 말한다. "우리가 먹을 것과 입을 것이 있은즉 족한 줄로 알 것이니라"(딤전 6:8).

욕구는 우리가 사용하는 재화의 질에 관한 선택을 포함한다. 즉 정장과 작업복, 스테이크와 햄버거, 새차와 중고차 간의 선택과 같은 것들이다. 그리스도인의 삶에 있어서 욕구를 결정하는 준거의 틀은 다음과 같다. "너희 단장은 머리를 꾸미고 금을 차고 아름다운 옷을 입는 외모로 하지 말고 오직 마음에 숨은 사람을 온유하고 안정한 심령의 썩지 아니할 것으로 하라 이는 하나님 앞에 값진 것이니라"(벧전 3:3~4).

욕망은 하나님의 계획에 따라 기본적으로 해야 할 모든 것을 다 한 후에 남는 돈으로 할 수 있는 선택이다. "이 세상이나 세상에 있는 것들을 사랑치 말라 누구든지 세상을 사랑하면 아버지의 사랑이 그 속에 있지 아니하니 이는 세상에 있는 모든 것이 육신의 정욕과 안목의 정욕과 이생의 자랑이니 다 아버지께로 좇아온 것이 아니요 세상으로 좇아온 것이라 이 세상도, 그 정욕도 지나가되 오직 하나님의 뜻을 행하는 이는 영원히 거하느니라"(요일 2:15~17).

이제 소매를 걷어 부치고 세부적인 것으로 들어가기 전에, 여러분이 직접 가르칠 수 있는 체계와 기본방침을 확고히 하기 위하여 먼저 "부모의 경제규칙"을 세워보자.

자녀들에게 돈으로 무엇을 할 것인지 가르치려면 그들이 약간의 돈을 가지고 있어야 한다. 용돈을 줄 것인지 안 줄 것인지에 관한 내용이 바로 다음 문제이다.

부모의 경제규칙 1: 가족은 공동체이다. 가족 구성원은 누구나 기회와 책임, 보상과 소득을 공유한다.

어떤 전문가들은 자녀에게 용돈을 거저 주는 것은 공짜를 바라는 태도를 키우는 것과 같다고 말한다. 어떤 이들은 정규적인 용돈을 꼭 일의 수행과 결부시키는 것은 공동체로서의 개념을 없애고 내가 한 모든 것에 대해서 보상을 받아야 한다는 식의 태도를 갖게 한다고 비판한다. 이에 대한 해결책은 자녀에게 용돈을 주고 그들이 집안 일에 대한 책무를 지도록

부모의 경제학 101

규칙 1: 가족은 공동체이다. 가족 구성원은 누구나 기회와 책임, 보상과 소득을 공유한다.

규칙 2: 집 안팎에서 보수를 받고 일할 기회를 제공하여 일과 보수에 대해 훈련하는 계기로 삼는다.

규칙 3: 용돈이 가족 구성원으로 참여하는 것에 대한 즐거움을 잃게 하거나 게으름을 장려하는 것이 되어서는 안 된다.

규칙 4: 가르치고 훈련하는 과정에서 일관성을 유지한다.

규칙 5: 모든 일에 있어서 가능하면 현실―그것의 조직, 보상, 벌칙―을 그대로 반영하도록 한다.

규칙 6: 가계재정에서 가면을 제거한다. 돈으로 무엇을 하는지 자녀에게 솔직하게 보여준다.

규칙 7: 일이나 돈벌 기회를 주거나 훈련의 방법을 결정할 때 자녀 개개인을 염두에 둔다―그들의 장점, 약점, 능력과 문제점들을 생각한다.

하되, 이 둘을 고용관계처럼 결부시키지 않는 것이다. 가족원으로서 우리는 책임도 지고 혜택도 얻는 것이다.

가정을 잘 유지하기 위해서는 가족원 모두가 책임을 가지고 기여해야 함을 가르친다. "내가 어질러 놓지 않았어요"라는 식의 말을 자녀가 할 때 그것을 가르칠 기회로 활용할 수 있다.

집안일은 어느 한 사람이 아니라 모든 가족원의 필요를 채우기 위해 설거지, 마루청소, 방청소, 세탁, 정원가꾸기, 페인트칠하기 등과 같은 여러 가지 일로 이루어짐을 가르친다. 아이들은 자신의 방을 치우는 것 이상의 책임을 감당해야 하는 것이다.

성경은 "각각 자기 일을 돌아볼 뿐더러 또한 각각 다른 사람들의 일을 돌아보아 나의 기쁨을 충만케 하라"(빌 2:4)라고 가르친다. 가족공동체의 혜택은 음식물, 집, 옷, 인간관계, 그리고 용돈까지도 포함한다. 자녀의 용돈은 특별한 일에 대한 보상으로 주어지는 것이 아니다.

가족을 위해 벌어들인 소득은 가족공동체의 소득이며 그 목적으로 사용되어야 한다.

가족이나 공동체의 일원으로서 자녀는 자신의 소득을 벌 수 있을 때까지 부모로부터 소득(용돈)을 받는다. 용돈을 주는 첫번째 목적은 자녀가 돈을 다루는 방법을 배우도록 돕는 데 있다.

이러한 접근의 큰 이점 중의 하나는 나중에 자녀의 책임이 증가하고 그들의 용돈이 더 이상 주어지지 않을 때의 모순을 잘 극복할 수 있다는 것이다.

다음 질문은 자녀가 자신의 책임을 다하지 못할 때 공동체 소득을 중단해야 하는가이다. 그렇다. 그러나 단지 공동체 책임을 가르치려는 맥락에서만 그렇다. 이것은 최후의 방편이어야 한다.

우리는 자녀가 책임을 점점 많이 감당해 나가도록 훈련시키고 격려하고 도울 필요가 있다. 이것은 단지 어떤 것을 하라고 말하고, 그것을 잘못할 때 이권을 빼앗아 버리는 것보다는 훨씬 낫다. 일을 어떻게 해야하는가를 가르친 적이 있는지 생각해 보라. 어떻게 하는지 보여준 적이 있는가? 일을 하기 위해 체계적인 계획을 세우도록 도와준 적이 있는가? 일을 즐겁게 하도록, 또한 일을 잘 끝냈을 때 자부심을 갖도록 가르쳤는가? 만일 이 질문 중 어떤 것에 대해서 "아니오"라는 대답을 하게 될 경우, 아마도 용돈을 중단하는 것에 대해서 다시 한번 생각해 봐야 할 것이다.

지시하는 것만이 아니라 훈련시키는 것이 부모의 책무임을 기억하라. 우리는 딸에게 어떻게 피아노 연주를 하는지 딱 한 번 말해 준 다음 청중 앞에 세워놓고 연주회를 못했다고 해서 벌을 주지는 않는다. 아들에게 어떻게 축구를 하는지 설명만 하고 바로 최우수 선수상을 받는 것을 기대할 수는 없을 것이다.

일을 열심히 하고 특정한 일들을 잘 하는 방법을 배우는 것은 시간과 인내, 그리고 개별적 훈련을 필요로 한다. 가족이 상호 간의 성장과 혜택을 위해서 같이 일하고 살아가는 공동체임을 가르치고 용돈을 이러한 시각으로 봄으로써 바른 태도와 원리들을 세워나갈 수 있다.

따라서 용돈은 다음 두 가지 생각을 바탕으로 주어져야 한다. 첫째, 용돈은 가족 공동체로서 누릴 수 있는 혜택들 중 하나이다. 둘째, 가족 공동체에서 살아가는 각 구성원들은 특별한 일들, 예컨대 방정리, 설거지, 쓰레기 버리기, 세탁물 정리, 청소하기 등과 같은 일들에 대한 공동책임을 가지고 있다.

부모의 경제규칙 2: 집 안팎에서 보수를 받고 일할 기회를 제공하여 일과 보수에 대해 훈련하는 계기로 삼는다.

그러면 어떻게 자녀들에게 직업의 윤리와 일한 만큼 보수를 받는 것에 대해서 가르칠 수 있을까? 이것은 자녀들에게 자기 방을 치우거나 가족 구성원으로서 마땅히 해야 할 책임 이외에 가외로 돈벌 일을 제공함으로써 할 수 있다. 이에 대해서는 "부지런함"이라는 제목으로 나중에 구체적으로 다룰 것이다.

부모의 경제규칙 3: 용돈이 가족 구성원으로 참여하는 것에 대한 즐거움을 잃게 하거나 게으름을 장려하는 것이 되어서는 안 된다.

가족 공동체에의 참여와 보수를 위한 일 간의 균형을 이루기 위해서 용돈의 액수를 정하는 일에 주의해야 한다. 자녀의 용돈은 기대할 만큼 충분해야 하고 예산에 대해서 가르칠 수 있을 정도로 충분해야 한다. 그러나 그들의 모든 욕구와 욕망을 충족시킬 수 있어서 가욋일에 대한 필요가 전혀 없게 만들어서는 안 된다. 이러한 이유로 용돈은 정기적으로 검토되고 조정되어야 한다.

궁극적으로 우리는 자녀가 용돈에 의지하는 것에서 벗어나 차츰 자신이 버는 소득에 의존하게끔 만들어야 한다. 그러므로 자녀에게 필요한 돈이 증가함에 따라 용돈을 그만큼 올려주어서는 안 된다. 자녀가 필요로 하는 돈에서 용돈이 차지하는 비중은 줄어들어야 한다.

부모의 경제규칙 4: 가르치고 훈련하는 과정에서 일관성을 유지한다.

이러한 과정에서 일관성과 성실함은 우리 부모가 맡아야 할 부분이다. 일단 용돈의 크기와 빈도를 정했으면 우리는 그것을 가족예산에 포함시키고 꼬박꼬박 제때에 지불해야 한다. 또한 자녀들과 함께 어떤 규칙과 그 규칙을 따를 때의 보상, 따르지 않을 때의 벌칙을 정했으면 언제나 그것을 그대로 따라야만 한다.

부모의 경제규칙 5: 모든 일에 있어서 가능하면 현실—그것의 조직, 보상, 벌칙—을 그대로 반영하도록 한다.

자녀들이 반쯤 했거나 하다 만 일에 대해서 보수를 주면 안 된다. 훈련이 필요하면 그들이 그 일을 끝내도록 도와줄 수 있지만, 그 일을 끝낼 때까지 보수를 주면 안 된다. 실제 직장생활에서 반쯤 한 일에 대해서 절반의 보수를 받는 일은 없다. 전혀 보수를 받지 못하거나 직장에서 쫓겨나게 된다.

부모의 경제규칙 6: 가계재정에서 가면을 제거한다. 돈으로 무엇을 하는지 자녀에게 솔직하게 보여준다.

자녀들로 하여금 가계재정에 대해서 알게 하고 어떻게 이루어지는지 보게 하며 같이 참여하게 한다.

부모의 경제규칙 7: 일이나 돈벌 기회를 주거나 훈련의 방법을 결정할 때 자녀 개개인을 염두에 둔다―그들의 장점, 약점, 능력과 문제점들을 생각한다.

때로 자녀의 태도가 나쁘다고 생각할 때, 우리는 단지 그들의 기질을 오해하고 있는 경우가 많다. 아동의 성격유형, 학습방법, 적성, 재능, 심지어 출생 순위의 영향에 대한 좋은 책들이 있다. 한 가지는 확실한데, 아이들은 우리가 그들을 마음대로 할 수 있도록 백지로 태어난 것이 아니라는 것이다. 하나님께서는 우리 각자를 특별하게 만드셨다.

이런 원리의 기초를 이해하기 위해 심리학 학위가 필요한 것은 아니다. 사람들을 만드실 때 하나님께서는 어떤 기본적 성격유형과 학습 스타일을 이용하셨다. 부모로서 우리는 그것들을 이해하는 것만으로도 역할을 더 잘 수행할 수 있다. 예컨대 어떤 성격유형은 매우 신중하고 섬세하여 동전 한 닢까지 세고 계획 세우기를 좋아한다. 이러한 유형은 예산의 개념을 쉽게 이해하지만, 그 깔끔하게 세어놓은 돈을 실제로 사용하는 데는 격려가 필요할 때도 있다. 또 다른 성격유형은 눈에 보이는 활동, 훈련, 단순한 예산목록이 도움이 되며, 예산을 세우는 데 많은 도움이 필요할 수도 있다.

또 고려해야 할 것은 성별이다. 하나님께서는 남자와 여자를 다르게 만드셨다. 딸들의 동기구조는 아들과는 다르다. 마치 그들이 돈을 쓰고자 하는 대상이 다르듯이 말이다. 아이들의 장점과 약점을 형제들과 비교하지 않도록 주의해야 한다. 우리는 각 자녀를 개인으로서 다루어야만 하며 하나님께 개개인에 대한 지혜를 구해야 한다.

균형점을 찾아보자. 우리들의 성격차이나 특성은 절대로 하나님의 법칙이나 원리를 어기는 것에 대한 타당한 변명거리가 될 수는 없다. 우리 모두는 하나님의 원칙을 따라야할 의무가 있다. 따라서 이러한 점에서 결코 아이들을 용납해서는 안 된다. 다양한 성격유형을 훈련하고 원칙을 적용하는 방법은 아이들에게 맞추어 할 수 있다.

이제 실제로 들어가 보자. 12가지의 재무영역에서 어떻게 자녀들을 가르치고 훈련할 수 있을지 생각해 보자. 이 12영역은 크게 4범주로 나눌 수 있다. 첫째 범주는 청지기 정신, 하나님을 신뢰함, 십일조와 헌금, 나눔과 베풂에 대한 것이다. 이는 재무문제를 하나님의 말씀에 따라 관리하기 위한 기초이다.

둘째 범주는 만족, 정직, 부지런함에 관한 것이다. 이것은 앞에서 언급한 기초가 우리의 마음과 태도에 내면화되는 영역이다. 세 번째, 네 번째 범주는 이러한 기초의 외면적, 외부적인 표현이다.

세 번째 범주는 조직 및 계획과 관계된다. 즉 장기 재무계획과 예산세우기에 대한 것이다.

네 번째 범주는 저축 및 투자, 지출, 신용 및 부채에 관한 것이다.

각 영역에 대해서 우리는 실제적인 가르침이나 훈련을 위한 도구들을 제시하고자 한다. 이러한 도구들은 훈련을 위한 출발점으로 의도된 것이지 그 영역을 가르치기 위해 할 수 있는 모든 것을 포함하는 것은 아니다. 훈련을 위한 체계와 새로운 아이디어를 제공해 주기 위한 것이다. 우리는 다음과 같은 도구들을 사용하려 한다.

가훈

아이들에게 진실을 말하고 말한 것을 지키도록 가르칠 때, 우리 가족은 가훈을 만들었다. "내가 말한 것은 그대로 지킨다. 내가 말한 것은 진실이므로 믿어도 좋다!" 이 가훈은 가족 모두가 쉽게 기억했을 뿐 아니라 우리 가족에게 주어진 특별한 말로서 아이들이 받아들이는 효과를 가져왔다. 물론 우리는 그것을 하나님의 말씀으로 의지한다. 그러나 우리 가족에 대한 그 말의 특별함이 열쇠이다. 특별히 그것은 준거지침으로 도움을 준다. 따라서 여기에 제안된 가훈을 사용하거나 당신만의 가훈을 개발하라.

성경 이야기

아이들에게 교훈을 주거나 하나님 말씀의 원리를 가르칠 때, 가르치려고 하는 개념을 명확히 하고 구체화시켜준다. 교훈을 줄만한 성경 이야기를 여기에 모았다. 물론 다른 성경 이야기들도 사용될 수 있다.

신앙 이야기

성경 이야기를 한 다음에는 개인의 신앙체험을 덧붙이는 것이 좋다. 여기 제시된 것도 있지만, 가능하면 당신의 실제 경험을 활용하라.

암송 구절

아이들이 성경구절을 암송하는 것은 주일학교에서 스티커를 얻거나 보너스포인트를 얻기 위한 것이 되어서는 안 된다. 성경을 외우는 것은 보다 깊은 목적을 위해서이다. 즉, 우리 인생에서 중요한 의사결정에 직면할 때 쉽게 참고할 수 있기 위해서이다. 우리는 아이들이 성구를 외울 뿐 아니라 이해하도록 도울 필요가 있다. 그래서 아이들이 재무결정을 해야 할 때에 성령님께서 그 성구를 안내자로 사용하실 수 있도록 말이다. 암송의 목적이 그 적용에 있으므로, 뜻을 이해하는 것이 글자 한 구절을 틀리지 않게 외우는 것보다 더 중요하다는 것을 기억하라.

정의
우리는 단어와 원리의 간단한 정의를 제시하고 있다. 아이들이 이해할 수 있는 단어로 말이다. 이것을 필요할 때 사용하거나 아이들에게 단순히 들려 주라. 필요하다면 설명을 가미하라.

요령
그 원리들을 가족생활에 어떻게 적용할 것인지에 대한 실제적인 조언과 훈련과정을 제시한다.

활동
이것은 가르침이나 훈련과정을 돕기 위해 아이들과 손으로 해볼 수 있는 재미있고 교육적인 방법들이다. 당신의 가족에게 적합하지 않을 때는 다른 아이디어를 개발할 수 있다.

지침
자녀가 배운 원리를 생활의 다른 영역에 적용하도록 일깨우기 위한 제안이다.

청지기 정신

가훈
"우리는 주님을 위해서 물질을 관리한다."

성경 이야기
〈충성된 종〉(눅 19:12~26)
아이들과 함께 이 구절을 읽고 하나님께서 우리에게 물질을 주시고 돌보도록 하셨음을 설명해 준다. 하나님께서는 하나님의 원리에 따라 지혜롭게 물질을 사용하기를 원하신다. 우리가 가진 것의 주인은 하나님이시므로, 우리는 하나님께서 원하시는 방법대로 물질을 사용해야만 한다. 하나님께서는 우리를 사랑하시고 무엇이 최선인지 아시므로 이렇게 하신다. 하나님께서 주신 것에 대해 우리가 순종할 때, 그는 우리를 믿으시고 더 많은 것을 맡기실 것이다.

신앙 이야기
아이들에게 내 생각대신 하나님의 원리대로 했던 경험과 그 때 일이 어떻게 되었는지를 이야기해 준다.

암송 구절
"땅과 거기 충만한 것과 세계와 그중에 거하는 자가 다 여호와의 것이로다"(시 24:1).

정의
청지기 정신이란 하나님께서 모든 것의 주인이시라는 것을 아는 것이다. 하나님께서 우리에게 돌볼(관리할) 물질을 주셨다. 모든 것이 하나님께 속해 있으므로 우리는 하나님께서 성경에서 말씀하신 방법대로 우리가 가진 것을 관리해야 한다. 그렇게 할 때 우리는 하나님의 돌보심을 신뢰하게 되고, 하나님은 우리를 믿고 더 많은 것을 맡기시게 된다. 우리는 하나님을 위하여 가장 훌륭한 청지기가 되기를 원해야 한다.

요령

1. 구매결정을 할 때 아이들이 들을 수 있도록 소리내어 짤막한 기도를 한다. 우선 하나님께 우리가 좋은 청지기가 되기를 원한다고 말씀드린다. 그리고 나서 구매결정을 하는 데 지혜와 인도하심을 구한다.

2. 이사, 주택구매, 자동차교체, 직업변경, 남는 돈으로 무엇을 할지 등과 같이 가족을 위해 중요한 것을 결정해야 할 때, 기도하고 하나님의 인도하심을 받도록 가르친다.

활동

"모든 것이 하나님께 속한다" 게임(부모와 함께 할 수 있음)

가위, 종이, 연필, 풀, 오래된 잡지, 신문을 준비한다. 큰 종이나 마분지를 테이블 중앙에 놓는다. 주택에서부터 아이들 장난감까지 가족이 가지고 있는 것을 그림으로 그리거나 이름을 쓴다. 그것을 풀이나 테이프로 큰 종이에 붙인다.

자녀의 나이가 많은 경우에는 주어진 시간 동안 누가 가장 긴 목록을 작성하는가 내기해 본다. 집안의 각 방마다 시도하여, 각 방에 대해서 점수를 얻을 수 있게 하면 재미를 더할 수 있다. 집안을 두루 다 한 다음 누가 이겼는지 볼 수 있다.

처음부터 이 게임을 하는 목적을 설명하는 것이 중요하다. 그래서 이

청지기 목록

장소	품 목	장소	품 목
거실	1._____	부엌	1._____
	2._____		2._____
	3._____		3._____
	4._____		4._____
	5._____		5._____
	6._____		6._____
	7._____		7._____
	8._____		8._____
침실	1._____	목욕탕	1._____
	2._____		2._____
	3._____		3._____
	4._____		4._____
	5._____		5._____
	6._____		6._____
	7._____		7._____
	8._____		8._____
창고	1._____	공부방	1._____
	2._____		2._____
	3._____		3._____
	4._____		4._____
	5._____		5._____
	6._____		6._____
	7._____		7._____
	8._____		8._____

이 모든 것은 하나님께 속해 있다!

것을 하나님께로 돌릴 수 있게 한다. 목록작성을 끝내면 간단한 기도를 통해 하나님께서 관리하도록 주신 모든 것에 대하여 다같이 감사를 드린다. 또한 그 모든 것을 하나님께 다시 올려드리고, 그것들을 사용하는 데 있어서 하나님의 지혜와 인도하심을 구한다.

게임 도구들을 정리하고 나서 자녀들이 좋아하는 음식을 먹는다. 이러한 활동들이 노동이 되어서는 안 된다. 게임을 끝내고 나서 그 활동의 요지를 강조하라. 그리고 어떤 종류의 보상을 주라.

지침

"모든 것이 하나님께 속한다" 게임을 할 때 삶, 가족, 관계, 친구, 구원, 재능, 직업 등과 같은 추상적인 것들에 대해서도 단어를 붙이거나 상징적인 그림으로 나타내도록 한다.

어느 정도 큰 자녀를 위한 게임을 할 때는 눈에 보이지 않는 것들로 채워진 방을 하나 만들고 목록을 만들어 보도록 한다. 이렇게 하는 목적은 하나님께서 물질 이상의 것, 즉 우리 자신이나 우리의 삶과 같이 우리가 가진 모든 것을 돌보도록 주셨다는 개념을 자녀들이 갖게 하기 위한 것이다. 우리의 존재와 모든 소유가 하나님께 속해있음을 자녀들이 이해하게 될 때, 그들은 이 모든 영역에서 하나님의 인도하심과 지혜를 얻기 위해 기도하게 된다.

하나님을 신뢰함

가훈

"우리는 하나님을 신뢰한다! 하나님께서 언제나 우리를 돌보신다."

성경 이야기

하나님께서는 언제나 우리를 돌보신다. 마태복음 6장 25~34절의 예수님 말씀을 읽어 주라. 그 다음에 물고기 입 속의 동전 이야기를 해 주라 (마 17:24~27).

예수님께서는 아버지께서 자신을 돌보신다는 것을 언제나 알고 계셨다. 예수님은 하나님께서 우리를 보살피심을 우리도 믿게 되기를 원하신다. 하나님은 우리가 하나님을 순종하며 그의 원리를 따르기를 원하신다. 하나님께서는 어떻게 하는 것이 가장 좋은지를 아시므로, 그의 "안내서" (성경)를 따를 때 모든 것이 형통할 것이다.

하나님의 원리를 따르고 순종해야 하나님께서 우리를 돌보아 주시는 것은 아니다. 하나님께서는 순수하고도 단순하게, 우리를 사랑하시므로 우리를 돌보신다. 하나님께서 돌보시지 않는 것 같은 상황에 부딪힐 때가 바로 우리가 진정으로 하나님을 신뢰하고 그가 우리를 사랑하심을 확증할 때이다.

신앙 이야기

하나님께서 재정적 필요를 채워주셨던 때의 이야기를 들려주라.

암송 구절

"나의 하나님이 그리스도 예수 안에서 영광 가운데 그 풍성한 대로 너희 모든 쓸 것을 채우시리라" (빌 4:19).

정의

우리가 어떤 사람을 신뢰한다는 것은 그가 옳은 일을 하리라는 것, 혹은 그들이 약속한 것을 반드시 지키리라는 것을 믿는 것이다.

어떤 사람이 점심을 산다고 말했다고 하자. 그 사람이 언제나 말한 것을 지키는 사람이라고 생각한다면 그날 우리는 자신의 점심을 만들지 않을 것이다. 그 사람이 말한 대로 우리에게 점심을 사라는 것을 믿기 때문이다.

만일 어머니가 어떤 것을 맛 보라 하시면 혹시 그것이 벌레들을 갈아 놓은 것 같은 이상한 맛이 아닐까 하고 염려하지 않을 것이다. 어머니가 우리를 사랑하시는 것을 알고 어머니를 신뢰하기 때문이다.

예수님은 하나님께서 우리를 사랑하시며 돌보심을 우리가 신뢰할 수 있다고 말씀하신다. 하나님을 신뢰하는 데 있어서 기억해야 할 세 가지 중요한 것이 있다. 첫째, 우리가 정말 하나님을 믿는다면 하나님께서 말씀하시는 방법 그대로 일을 할 것이다(마치 어머니께서 맛보라고 하실 때 그를 믿는 것처럼 말이다). 둘째, 하나님께서는 모든 것을 아시고 우리는 부분적으로밖에 알지 못하기 때문에 하나님께서는 때로 이해되지 않거나 우리가 원하지 않는 방법으로 일을 하신다. 셋째, 하나님께서는 정말로 우리를 사랑하시므로 하나님께서 원하시는 일이 잘 이루어질 것이라는 것을 믿어야 한다. 우리는 모든 것에 대해서 기도할 수 있으며, 하나님께 부탁드리고 지혜를 구할 수 있다. 하나님께서 우리에게 하기를 원하시는 것들이 있을 것이다.

돈에 대해서도 같은 방식으로 생각할 수 있다. 돈을 다룰 때는 하나님의 방식을 따라야 한다. 그리고 하나님께서 우리를 돌보시며 일하시리라는 것을 믿어야 한다. 우리에게 필요한 것이나 이해되지 않는 것들에 대해서는 기도하고 간구한다. 하나님께 지혜를 구하고 상황이 어떻든지 간에 하나님을 계속 신뢰한다.

하나님께서 얼마의 돈을 주실 것인가에 대해서도 하나님을 신뢰해야 함을 기억하자. 하나님께서는 더 많이 주십사 하는 기도에 그대로 응답하시는 대신 가진 것을 현명하게 사용하도록 지혜를 주실 수도 있다.

요령

1. 자녀가 자신의 모든 관심사를 하나님께 들고 나가서 말씀드리도록 격려한다. 하나님께 지혜와 인도하심을 구하도록 격려해야 한다.

2. 자녀가 현재 당면한 문제와 그 상황을 통해 하나님께서 무엇을 하실지에 대하여 성경에 말씀하신 것을 찾아볼 수 있도록 도와준다.

3. 일단 자녀가 하나님의 방식대로 일을 시작하면 하나님을 신뢰하도록 도와준다. 함께 기도하고 하나님의 신실하심을 기억시키면서 자녀가 염려하지 않도록 도움을 준다. 이 때가 상황이 어려웠을 때 당신이 어떻게 하나님을 신뢰했으며 결국 어떻게 되었다는 것을 자녀에게 말해 줄 좋은 기회이다.

4. 상황이 좋지 않아 보이는 시기를 겪게 될 때 하나님을 신뢰하기로 결정한다면, 그 과정을 자녀와 함께 나누고 하나님께서 일하시는 것을 함께 보며 기뻐할 수 있다.

활동

믿음 과제

하나님께 온 가족을 위한 "믿음 과제"를 주시도록 기도하라. 노아와 그의 가족은 믿음 과제에 참여하였다! 물론 가족의 믿음 과제는 방주를 짓는 것보다는 강도가 덜 한 것이겠지만, 그래도 그 결과는 훌륭할 것이다.

- 믿음 과제는 주일학교 교실의 미화작업 같은 일일 수도 있지만 대부분은 소명 받은 일(노아는 방주를 지었지만 당신의 과제는 선교를 지원하는 것일 수 있다)이나 가족이 당면한 문제들(튼튼한 자동차 장만, 담장을 고치는 비용이나 TV를 바꾸는 비용 마련)을 포함한다. 가족의

재무문제는 훌륭한 믿음 과제이며, 자녀를 참여시킴으로써 비록 고난 중이라도 하나님을 계속 신뢰하도록 도울 수 있다.
- 믿음 과제는 앞으로의 비전, 지혜, 세부적인 일의 달성 등에 대하여 하나님을 신뢰하는 것일 수도 있다. 나눔과 믿음 과제의 결합도 좋다. 믿음 과제는 당신이 하나님을 믿을 수 있는 어떤 것이라도 괜찮다. 중요한 것은 그 과정에 자녀를 참여시키는 것이다.

믿음 과제 도표

믿음 과제를 완성해 가는 과정을 기록하기 위해 다음 페이지의 도표를 이용하라. 매주 정해진 시간에 가족들과 함께 빈자리에 해당 내용을 적어 넣고 그것에 대해 검토하라. 이러한 모임을 그 과제를 위해 기도하는 기회로도 활용하라. 목표에 가까워질수록 가족들의 흥분이 더해 갈 것이다.

지침

자녀에게 신뢰에 대해서 가르치고, 경험한 것을 말해 주고, 믿음 과제에 참여시키면, 그들은 개인적인 믿음 과제를 보다 쉽게 수행할 것이다. 따라서 하나님께서 자신들의 필요를 채워주시며 기도에 응답하심을 신뢰하도록 자녀를 격려해야 한다.

일단 믿음 과제를 수행하고 나면 자녀들이 그것을 생활의 모든 영역에 적용하도록 돕는다. 깨지려고 하는 친구 관계에 적용할 수 있으면 나중에 결혼 관계에도 적용할 수 있을 것이다.

우리 자녀가 정말로 하나님의 사랑을 이해하면 다음 원리들에 대한 신뢰는 더욱 쉬워질 것이다. 하나님께서 우리를 돌보시고 있음을 알게 될 때 내 것을 나누는 것이 더 쉬워지는 것처럼 말이다.

믿음 과제 도표

과 제 명 : _____
과제유형 : _____
필요자금 : _____
시작일자 : _____
완성일자 : _____

	이번 주 적립금액	적립총액	적립필요금액
1주	_____	_____	_____
2주	_____	_____	_____
3주	_____	_____	_____
4주	_____	_____	_____
5주	_____	_____	_____
6주	_____	_____	_____
7주	_____	_____	_____
8주	_____	_____	_____
9주	_____	_____	_____
10주	_____	_____	_____
11주	_____	_____	_____
12주	_____	_____	_____

믿고 넘어지기(3세 이상)

이 활동을 위해서는 적어도 몸집과 힘이 비슷한 두 사람과 큰방이 있어야 한다. 한 사람은 앞을 보고 있게 하고 다른 한 사람은 약 0.5~1m 뒤에 서 있게 한다. 이제 앞사람을 몸을 꼿꼿하게 한 채 뒷사람 쪽으로 천천히 넘어지게 한다(혹시 잘못될 경우를 대비해서 바닥에 베개를 몇 개 깔아 놓을 수도 있다). 두 사람의 위치를 바꾸어 그 활동을 반복한다.

이 게임은 간단하지만, 쓰러지는 사람으로 하여금 뒷사람이 자신을 붙잡아줄 것이라는 믿음을 갖도록 한다. 또한 뒷사람의 입장에서는 앞사람을 붙잡아줘야 한다는 책임감과 보호해야겠다는 마음을 갖도록 한다. 파트너를 바꾸어서도 시도해 보라. 이 게임은 하나님을 신뢰한다는 것이 왜 선택이며 행동인지를 자녀에게 보여줄 수 있는 뛰어난 실례이다. 가만히 서 있어서는 아무것도 할 수 없을 것이다.

십일조와 헌금

가훈
"십일조를 드려라. 그러면 번영한다."

성경 이야기
아브라함이 멜기세덱에게 십일조를 드린 이야기(창 14:8~24); 야곱의 꿈(창 28:10~22).

아브라함과 야곱은 그들이 가진 모든 것이 하나님께서 주신 것임을 알았기 때문에 십일조를 드렸다. 십분의 일을 돌려드림으로써 하나님께 감사하는 것이다.

신앙 이야기

하나님께서 당신에게(혹은 당신이 아는 어떤 사람에게) 십일조에 대해서 무엇을 가르쳐 주셨는지에 대한 이야기.

암송 구절

"네 재물과 네 소산물의 처음 익은 열매로 여호와를 공경하라 그리하면 네 창고가 가득히 차고 네 즙틀에 새 포도즙이 넘치리라"(잠 3:9~10).

정의

십일조는 십분의 일을 의미한다. 즉 1,000원 중 100원 혹은 10,000원 중 1,000원을 말한다. 그것은 또한 하나님께서 우리에게 주신 것을 쓰기 전에 가장 먼저(말하자면 10,000원 중 첫번째 1,000원) 드리는 것이기 때문에 첫 열매라고 불리기도 한다.

십일조를 하나님께 드리는 것은 하나님께서 모든 것을 소유하고 계시며 우리를 돌보시는 분임을 믿는다는 것을 행동으로 보여드리는 것이다. 십분의 일만 드릴 필요는 없다. 이것은 좋은 시작에 불과하다. 하나님께서 십일조를 드리기 원하시는 장소는 우리가 출석하고 있는 교회다. 십일조는 교회가 하나님의 일을 해나가는 데 필요한 돈을 얻는 방식이다. 교회에 참석하는 모든 사람들은 하나님의 십일조를 교회에 드리고 교회 지도자들이 그것을 사용하게 한다. 교회는 우리의 십일조를 가난한 사람들을 돕는 데 쓸 수도 있다.

요령

1. 자녀가 이해할 수 있는 방식으로 우리가 십일조 하는 것을 보게 해

야한다. 한 전문가는 그의 자녀가 어렸을 때 수표를 현금으로 바꾸어 십일조를 드렸다. 주일아침 교회 가기 전에 아이들과 함께 아침을 먹는 자리에서 그들의 헌금을 봉투에 담았다. 아이들은 수표가 무엇인지 모르나 많은 돈이 봉투에 넣어지는 것을 보게되면 그것을 오래 기억하게 된다.

2. 아이들이 항목에 따라 돈을 나눌 수 있을 때부터 십일조를 시작하게 할 수 있다. 십일조를 즉석에서 다른 것과 구분하게 한다. 돈으로 다른 것을 하기 전에 십일조를 따로 떼어서 드릴 준비를 먼저 하도록 격려한다.

3. 자녀에게 동전을 주고 헌금함에 넣도록 하는 것은 도움이 되지 못한다. 오히려 부작용이 있다. 동전을 헌금함에 넣을 때 그들은 드림의 의미를 갖지 않는다. 그것은 그들이 번 것도 아니고 어떤 비용도 물지 않은 것이기 때문이다.

4. 자녀들에게 드림의 결과를 추적해 보게 하는 것을 잊지 말자. 우리가 하나님의 축복이나 자녀들 혹은 가계재정에 대한 하나님의 도우심을 보게 될 때 그 기적이 비록 작아 보인다 할지라도 그에 대해 이야기를 나눈다. 그것을 지적해 주고 그것이 하나님의 축복이며 우리를 돌보시는 증거임을 설명해 준다.

5. 자녀에게 그들의 돈이 교회에서 대체로 어떻게 쓰이는지 설명을 하되 너무 강조하지는 말라. 가장 중요한 것은 그들이 하나님께 드리는 의미를 이해하게 하는 것이다.

많은 교회는 주일학교에서 헌금을 걷는다. 어떤 때는 아이들의 이름이 적힌 봉투를 주기도 하며 연말에 아이들에게 총 얼마를 헌금했는지 영수증을 주기도 한다. 어떤 교회는 특별한 과제, 예를 들면 개발도상국의 아이들을 지원하는 것과 같은 과제에 대하여 헌금을 드리게 한다.

우리는 아이들 교육을 담당하는 교회 지도자들에게 헌금의 쓰임에 대한 여러 가지 아이디어를 제안할 수 있다. 아이들이 헌금에 대해 이해하며 기쁨을 갖게 하는데 도움을 줄 수 있기 때문이다. 혹은 우리 자신이 아이들에게 모조영수증을 만들어 줄 수도 있다.

활동

특별한 드림의 저녁식사 시간을 가져라!

당신과 자녀들이 하나님께 무언가를 드리는 시간마다 그의 베푸심과 돌보심에 대하여 감사드리고 기념하는 기도를 하라. 또한 우리가 속한 교회에 대하여, 또 하나님께 드릴 기회를 주시고 교회를 도울 수 있게 하심에 대하여 감사한다. 이 일을 하기에 좋은 시간은 교회로 출발하기 전 차 속에서이다. 당신과 자녀들이 교회에 속한 모든 이들에게 축복의 근원이 되도록 가르쳐 주시고, 변화시켜 주시고, 도와주실 것을 간구하라.

가끔 한 번씩(매주 또는 매달 한 번) 십일조를 드리기 바로 전에 특별한 '드림'을 위한 저녁식사 시간을 가져라. 특별한 음식과 가족들이 좋아하는 후식을 준비하여 가족 모두가 기다리는 저녁을 만든다. 그 저녁의 목적은 하나님의 선하심을 기념하는 것이다. 하나님께서 당신에게 주신 모든 것(눈에 보이지 않는 것을 포함하여)에 대하여 하나님께 감사하는 기도시간을 조금 더 가진다. 모든 사람들이 하나님께 십일조를 드리고 하나님께서 그들에게 주신 놀라운 축복에 감사한다. 십일조를 테이블 가운데 놓고 파티분위기를 만든다.

이러한 일은 하나님께 드리는 행위에 대한 우리의 태도와 감사함을 나타내며, 그래서 드리고자 하는 동기를 강화시킨다. 자녀가 특별한 저녁이라고 생각할만한 것을 준비한다. 간단한 장식, 좋은 접시, 촛불, 그밖에 원하는 것을 준비하라. 자녀들이 좋아하는 것으로 메뉴를 선택하도록 한다.

주의 : 어린 10대 자녀들이 집에 있는 동안 드림의 의미를 배울 수 있도

록 십일조를 할 것인지 여부를 스스로 결정할 기회를 주어야 한다. 드림의 이유를 가르치고 이러한 원리를 따르는 것이 얼마나 신나는 것인지 경험하게 하고 우리의 삶과 가족에 대한 하나님의 축복을 보여줄 수 있다면 그들은 쉽게 십일조를 선택할 것이다. 우리는 그들에게 보물을 어디에 묻을지 보여주어야 할 뿐만 아니라 그곳에 그들의 마음이 함께 가도록 도와주어야 한다.

조사하기(8세 이상)

당신이 살고 있는 지역이나 도시, 다른 지방, 혹은 해외에서 들리는 구제요청 실태에 대해 자녀와 함께 조사를 해 보라. 이를 위한 좋은 방법은 (교회나 인터넷을 통해서 알게된 자선단체나 선교단체를 대상으로) 편지를 쓰거나, 지역에 있는 자선단체를 방문하거나, 자선단체에서 일한 경험이 있는 사람들과 이야기를 나누는 것이다. 다음 사항에 대해 알아보도록 하라.

- 설립 목적, 즉 현재와 미래의 목표와 비전
- 구체적인 구제활동
- 한 주, 한 달, 일 년 간의 구제활동에 대한 통계
- 10,000원의 기부금 중 총 경비나 관리비로 지출된 비율과 실제로 사람들을 돕는 데 쓰인 비율에 대한 통계

이러한 사항들을 조사한 후에는 그것을 시각적으로 나타낼 수 있는 매력적인 방법을 자녀와 함께 찾아낸다. 그 단체가 돕는 사람들의 사진과 재정적 정보를 나타내는 그래프나 도표자료들을 이용하도록 한다. 이것은 가족의 관심영역을 다루는 단체를 선택하는 데 도움이 될 것이다. 단

체를 선택하고 나면 가족단위로 매달 기부하라. 선물을 준비하고 우송하는데 자녀가 돕도록 하고 하나님의 선하심을 기념함으로써 그 행사를 즐겁게 만든다.

십일조에 관한 성경공부(8~14세)

1. 자녀들과 함께 다음 표에 있는 단어들을 찾아 보라. 각각에 대해 주요 구절을 적어라. 그리고 그 구절이 그 용어에 대해 가르쳐주는 바를 적어라.

2. 당신의 주당 혹은 월간 소득의 10%를 계산하라. 자녀도 그들의 용돈이나 고용소득을 가지고 똑같이 하도록 돕는다. 그들에게 그것이 십일조임을 말해 주라.

3. 자녀에게 십일조를 시작하도록 하라. 주일마다 십일조/헌금 봉투에서 돈을 꺼내어 헌금함에 넣도록 하라.

4. 교회에서 주는 당신의 일 년 간 총 헌금명세서를 자녀와 함께 보라. 그리고 매년 얼마나 헌금했는지 계산해 보라. 하나님께서 다른 사람을 돕기에 충분한 돈을 주신 것을 자축하라.

지침

아직 십일조를 드리지 않고 있는 부모에게는 이러한 훈련이 자녀와 함께 하나님의 은혜 안에서 자라갈 수 있는 좋은 기회가 된다. 온 가족이 이 일을 시작하는 의미로 드림의 저녁시간을 갖는다.

이런 일들을 통해서 지역교회에 대한 하나님의 목적을 자녀들에게 보여주고 가르쳐 주어야 한다. 우리는 하나님께 드린다. 하나님께서 우리에게 맡겨주신 책임들 중의 하나는 우리 교회를 지원하는 것이다. 왜냐하면 교회는 하나님 계획의 중요한 부분이며 하나님께서는 우리가 교회에 속

십일조
참고구절: _____
요점:
_____
_____

나눔
참고구절: _____
요점:
_____
_____

자유헌금
참고구절: _____
요점:
_____
_____

첫 열매
참고구절: _____
요점:
_____
_____

해서 배우고 자라며 교회일에 참여하고 우리의 재정으로 교회를 돕고 지원하기를 원하시기 때문이다.

자녀들은 우리가 어떤 일을 왜 하는지 마음에 새겨야 한다. 그래야 그러한 의식행위에 싫증내는 대신 이해하면서 성장하고 하나님의 목적을 즐거워 할 수 있는 방법을 찾게 될 것이다.

나눔과 베품

가훈
"우리는 주기 위해 산다."

성경 이야기
〈선한 사마리아인〉(눅 10:25~37)
어떤 사람들은 십일조를 나눔과 구제와 구분하기 위해 애쓴다. 우리는 자녀들에게 다른 시각을 가르칠 필요 때문에 기쁨으로 주는 자에 대한 선한 사마리아인의 이야기와 암송 구절을 선택하였다. 좋은 태도를 갖는 것이 중요하다는 것을 자녀에게 말해 주어야 한다. 하나님께서 우리를 돌보신다는 것을 정말로 믿으면 다른 사람들에게 베푸는 것을 두려워해서는 안 된다.

선한 사마리아인의 이야기는 우리의 도움을 필요로 하는 자에게 어떻게 기쁨으로 반응해야 하는가를 깨닫게 해준다. 자녀에게 관대함, 동정, 베푸는 마음을 가르친다면, 그들이 자라서 "시간과 물질이 충분치 않은데 어떻게 내가 도울 수 있단 말인가?"라고 말하는 대신 "하나님, 제게 도울 수 있는 지혜와 물질을 주십시오"라고 기도하게 될 것이다.

신앙 이야기

하나님께서 다른 사람의 필요를 채우기 위해 당신의 어떤 욕구와 욕망을 희생하기를 원하셨던 경험에 대하여 말해 주라. 그 때 그 사람이 어떻게 반응했으며, 어떤 것을 느꼈는지 말해 준다.

암송 구절

"이것이 곧 적게 심는 자는 적게 거두고 많이 심는 자는 많이 거둔다 하는 말이로다 각각 그 마음에 정한대로 할 것이요 인색함으로나 억지로 하지 말지니 하나님은 즐겨 내는 자를 사랑하시느니라" (고후 9:6~7).

정의

관대함이란 우리 자신의 필요뿐 아니라 다른 사람의 필요를 돌보는 것이다. 곤란에 처한 사람을 돕기 위해서 우리의 어떤 욕구와 욕망을 포기할 때 관대하다고 할 수 있다. 하나님께서 모든 것을 가지고 계시며 우리를 돌보아 주심을 기억한다면 기쁨으로 이 일을 할 수 있게 된다.

헌금이란 우리가 십일조 이상으로 드리는 돈이다. 때로 교회에서 선교 후원과 같은 특별한 이유로 헌금을 걷기도 한다. 헌금은 우리 교회 이외의 선교단체에게 주는 돈일 수도 있다. 하나님께서는 사람들이 요구할 때마다 주라고 하지는 않으신다. 그러나 주어야 할 경우라면 언제나 기꺼이 주기를 원하신다. 헌금을 할 기회를 갖게 될 때, 하나님께 지혜와 인도하심을 구해야 한다. 하나님께서는 우리가 무엇을 누구에게 주어야 하는지 가르쳐 주신다.

요령

1. 자녀가 매우 어려서 이제 나눔에 대해 막 가르치기 시작했다면, 한

꺼번에 십일조와 헌금과 구제의 부담을 주어서는 안 된다. 십일조부터 시작해서 천천히 하라.

2. 태도를 먼저 다룬다. 자녀들이 구제를 즐겁고 좋은 기회라고 생각할 때 그 기회를 늘려 나간다.

3. 새롭고 재미있는 과제와 나눔의 방식을 찾아내는 것이 중요하다. 크리스마스 같은 때에는 자녀와 함께 나눔을 실천할 기회들이 많다.

4. 자녀와 함께 기도하며 나눔의 기회를 주십사고 간구한다―돈뿐 아니라 시간, 노력, 또는 우리 가족이 풍성하게 갖고 있는 다른 어떤 것을 나눌 수 있다.

활동
이 원리를 가르치는 몇 가지 활동을 이미 언급하였다.
- 어려운 아이들을 돌보는 단체를 돕는 것을 가족과제로 하고 자녀가 돈을 보태도록 한다. 단체를 선택해서 돈을 모아 보낸 후 회신편지를 온 가족이 같이 읽는다. 그리고 후원하는 어린이를 위해 같이 기도한다.
- 이웃을 돕는 과제를 만든다. 토요일에 노인이 사는 집의 울타리 페인트칠을 하거나 편모가정을 위해서 무언가를 할 수 있을 것이다. 병원이나 양로원의 외로운 사람들을 방문하는 방법도 있다. 다른 사람을 돕는 방법을 자녀들이 찾아보게 하는 것도 좋다.
- 누군가를 도울 헌금의 기회를 찾게 되면, 온 가족이 가욋돈을 벌 수 있는 방법을 찾기 위해 기도하고 그 헌금에 기여하기 위해 같이 일한다.

주의 : 나눔과 봉사가 우리 생활의 부분이 되어야지 삶 전체가 되어서는 안 된다. 너무 많은 시간을 이에 쏟으면 아이들의 열정이 식어서 피곤

하게 느끼게 될 것이다. 마치 부모들에게 이리저리 끌려 다니는 종처럼 느낄 수도 있다. 생활의 다른 부분과 균형을 이루라. 다양성을 찾아라. 그리고 가족이 함께 신나게 할 수 있는 기회를 찾아라.

나눔은 무엇을 의미하는가?
- "하나님, 감사합니다!"라고 말하는 것이다.
- 정말로 도움이 필요한 사람들을 돕는 것이다.
- 어떤 사람이 예수님을 만나도록 도와줄 수도 있는 것이다.
- 우주만물의 하나님을 위하여 일을 하는 것이다.
- 하나님께 순종한 것을 깨닫고 만족을 얻을 수 있는 것이다.
- 세상을 변화시키는 데 한 몫을 하는 것이다.
- 하나님께서 주신 것에 대하여 좋은 청지기가 되는 것이다.
- 하나님께서 당신을 사랑하시므로 당신의 필요를 돌보실 것이라는 확신을 드러내는 행동이다.
- 하나님께서 당신에게 하시듯이 다른 사람에게 관대하게 대하는 것이다.

지침
이러한 나눔의 기회를 가까운 곳에서 찾아라. 우리는 자녀들이 나누려는 태도와 다른 사람들의 필요를 채워주려는 태도를 갖기를 원한다.

우선 가정에서 형제, 자매와 나누고 가족의 복지를 위해 기꺼이 기부하는 데서 시작하도록 하라. 누가 마지막 남은 과자를 가질 것인가? 우리는 "동생이 그것을 좋아하니까 동생이 가져야 해요"라는 식의 반응을 원하는 것이다. 형제끼리 어떤 것을 빌리려 할 때 즐겁게 승낙하는가 아니면 단호하게 거절하는가? 우리는 자녀들이 "주기 위해서 산다"라는 가훈을 날마다의 삶에, 그리고 모든 것에 적용하기를 원한다(가정에서 "안돼"라는 말 대신 "주기 위해서 산다"라는 말로 바꿀 수 있는지 살펴보자).

부모가 가훈대로 살아갈 때 자녀에게도 그렇게 가르칠 수 있다. 이것은 자녀들의 요구를 더욱 주의깊게 고려해야 한다는 뜻이다. 귀찮을지라도 "그래"라고 말할 수 있을 때 우리는 자녀들이 '주기 위해 산다'는 태도를 형성하는 데 도움을 줄 수 있다.

일단 이 네 가지 원리를 자녀들이 배워서 받아들이고 그대로 행동하게 되면, 하나님 중심의, 확신을 가진, 재정적으로 준비된 자녀를 만드는 목표를 달성해 가는 길에 들어섰다고 볼 수 있다.

9장 성품 다듬기 : 만족, 정직, 그리고 부지런함

아이들의 보물이 올바른 곳에 있게 되면 그들의 마음도 올바른 곳에 있게 될 것이다. 이를 위해서는 건강한 태도를 기르고 그것이 행동으로 나타나도록 개발해야 한다. 이제 내적인 태도를 밖으로 나타낼 수 있도록 해주는 실제적 가르침을 살펴보기로 한다.

만족

가훈
"많든 적든 하나님의 선물을 기뻐한다."

성경 이야기
만족을 위한 예수님의 비밀(마태복음 4장 1~11절에서 예수님이 유혹 받으신 내용을 읽어준다). 예수님은 만족을 얻을 수 있는 세 가지 비밀을 알고 계신다.

유혹 1 : 하고 싶은대로 하고 네 자신만을 보살피라.
예수님의 비밀 1 : 하나님께 순종하고 그의 원리를 따르라. 그리고 하나님께서 너를 돌보시도록 하라.
유혹 2 : 원하는 것을 가지고 원하는 것을 하라. 하나님께서 너를 도와주실 것이다.
예수님의 비밀 2 : 하나님을 신뢰하라. 하나님의 시간에 그의 방식대로 하나님께서 너의 인생을 주관하시도록 하라.
유혹 3 : 이 세상으로부터 나온 모든 것을 따르라.
예수님의 비밀 3 : 하나님을 섬기고 그를 따르라. 만들어진 것들을 좇지 말라. 조물주를 따르고 섬겨라.

마태복음을 자녀에게 읽어 주라. "너희는 먼저 그의 나라와 그의 의를 구하라 그리하면 이 모든 것을 너희에게 더하시리라"(마 6:33). 우리는 세상과 하나님을 동시에 좇을 수는 없다. 그러나 하나님을 섬기고 따르면 하나님께서 언제나 우리를 돌보실 것이다.

신앙 이야기
욕심에 미혹되어 전능한 돈을 따르고 그 대신 하나님의 원리와 당신의 우선 순위, 그리고 소명을 희생했던 경험이 있으면 이야기해 주라. 그리고 그 잘못된 선택을 통해서 하나님께서 어떻게 가르치시고 올바른 선택으로 인도하셨는지 이야기해 주라.

암송 구절
"돈을 사랑치 말고 있는 바를 족한 줄로 알라 그가 친히 말씀하시기를 내가 과연 너희를 버리지 아니하고 과연 너희를 떠나지 아니하리라 하셨느니라"(히 13:5).

정의

만족이란 경제적인 형편이나 삶의 상황이 어떻든지 간에 하나님을 신뢰하여 평강 가운데 거하는 것을 말한다. 하나님께서 통제하심을 안다면 어떤 일이 벌어지든 문제가 안 된다. 가끔 만족은 하나님께서 우리를 돌보시고 모든 것을 선으로 인도하심을 깨달을 때 온다. 그것은 또한 하나님께서 우리에게 이미 주신 것, 하나님께서 우리에게 하라고 하신 것이 충분함을 배우는 것을 의미한다. 만족해야 할 큰 이유는, 그렇게 해야 예수님께서 시험을 이기셨던 것처럼 세상 것이 아니라 하나님을 따르게 될 것이기 때문이다.

요령

1. 가족생활 중 사소한 것들을 이용하여 만족에 대해 쉽게 가르칠 수 있다. 우리를 둘러싼 사회는 우리에게 언제나 "더 많이!" "더 큰 것을!" "최고의 것을!"이라고 말한다. 성경은 이것을 탐닉, 탐욕, 교만이라고 부른다. 단순히 누가 아이스크림을 더 많이 가졌느냐에 대한 언쟁이 벌어질 때에도 만족하지 못하는 것이 어떻게 즐거움을 파괴할 수 있는지 쉽게 가르칠 수 있다. 아주 작은 욕구에 대해서 만족하는 것이 무엇인지부터 자녀들이 이해하도록 도와야 한다.

2. 아이들이 필요, 욕구, 욕망의 차이를 이해하고 나면 그것에 대해 하나님께 어떻게 기도드릴 것인지 가르친다. 하나님을 신뢰하면 하나님께서 최선이라고 생각하는 것을 가지기를 원한다고 말씀드릴 수 있다.

3. 자녀에게 청지기 정신에 대해서 상기시켜 주라. 그들이 자신의 욕구를 위해 소득의 일부를 저축했더라도 하나님께서는 그 돈으로 다른 사

람의 필요를 채우기를 원하실 수도 있음을 말해 준다.

주의 : 부모가 아이들의 저축과 용돈을 감독할 때, "안돼, 너는 새 자전거를 사기 위해 저축한 돈을 남에게 줄 수 없어. 다음 달부터 자전거가 필요하잖아"라고 말하고 싶은 유혹을 받을 수도 있다. 이때는 유혹을 이기고, 순종과 희생적인 나눔을 격려하는 것이 좋다. 아이들에게 정말로 자전거가 당장 필요하다면 하나님께서는 아이들의 저축에만 의존하시는 분이 아니시라는 것을 스스로 다시 인식할 필요가 있다.

활동

"속임수 발견" 게임

만족에 대해 말할 좋은 기회는 텔레비전 광고가 나올 때이다. 광고가 하나님의 원리를 어기도록 어떻게 유혹하는지 아이들이 인식하도록 돕는 것은 좋은 가르침의 기회가 된다. 그것을 재미있게 하는 것이 중요하다. 그 게임을 "속임수 발견게임"이라고 이름 붙이고 아이들로 하여금 광고주의 의도를 알아내도록 하라. 아이들은 이 게임에 쏙 빠져들 것이다.

현명한 광고감시자 되기(6세 이상)

가족이 함께 텔레비전을 보게 될 때 현명한 광고감시자가 되도록 해보라. 펜과 종이를 준비하고 모든 사람이 광고를 보면서 다음 질문들에 대한 답을 간단히 메모하도록 하라.

- 어떤 제품이나 서비스를 광고하고 있는가?
- 그 제품이나 서비스를 구입하면 당신을 위해 무엇을 해 줄 것이라고 광고가 말하고 있는가?
- 이러한 주장이 사실이라고 생각하는가? 그 이유가 무엇인가?

- 이 광고는 당신 자신, 당신의 옷, 집, 자동차에 대해서 어떻게 느끼도록 만드는가?

텔레비전 프로그램이 끝나면 각 사람의 답에 대해서 토론하라. 광고 하나를 선택하여 제품과 서비스에 대한 긍정적인 메시지와 어떤 사람에게 그것이 왜 필요한 것인지 등의 내용을 넣어 광고를 재구성해 볼 수 있다. 보다 흥미롭게는 가족과 친구들을 위해 새로운 광고를 만들어 시연하거나 녹화해 보라.

지침

만족의 원리를 가르치고 전수하기 위해서는 다양한 기회들을 계속 찾아야만 한다. 게임이나 캠핑, 여행, 아이들이 정말로 좋아하는 어떤 일을 하게 될 기회를 갖게될 때마다 만족의 원리를 적용하도록 도울 수 있다. 기도하고 자신들의 욕구를 내려놓도록 함으로써 아이들의 믿음을 다시 확고히 한다.

아이들이 자라서 학교에 들어가거나 결혼하기를 원할 때도 만족의 원리를 적용하도록 도울 수 있다. 아이들은 자신이 어떤 것을 정말로 원할 때가 바로 만족의 원리를 적용할 기회라는 것을 배우게 될 것이다.

정직함

가훈

"정직함은 우리의 유일한 정책이다!"

성경 이야기

부정직한 게하시(왕하 5장)의 이야기를 통해서 두 가지 점을 가르칠 수 있다. 첫째, 게하시는 잘못을 인정하지 않고 자신을 정당화하였다. 그러나 옳고 그른 것을 판가름하는 것은 우리가 아니라 하나님이시다. 하나님께서는 엘리사와 게하시가 나아만의 선물을 받는 것을 원하지 않으셨다(게하시는 그것을 알았다. 그렇지 않았으면 그것에 대해서 거짓말을 하지 않았을 것이다). 하나님께서 괜찮다고 말씀하셨으면 그것은 잘못된 것이 아니었을 것이다. 부정직이란 하나님께 불순종하는 것이다.

26절 엘리사의 말에 주의를 하도록 하라. 게하시는 그의 관심을 하나님으로부터 물건에게로 옮겼다. 그것이 그를 부정직하게 만든 것이다. 정직함은 하나님에 대한 믿음의 표현이다.

또한 사도행전 5장 1~11절의 아나니아와 삽비라의 이야기를 읽어줄 수 있다. 이 이야기는 부정직에 대해서 하나님께서 어떻게 생각하시는지를 정확하게 나타내고 있다.

신앙 이야기

당신이 부정직해지고 싶은 유혹을 받았던 경험을 이야기해 주라. 만일 그 유혹에 졌다면 그 결과를 설명해 줄 수 있다. 유혹을 이겨냈다면 그 문제가 결국 어떻게 해결되었는지 이야기하라.

암송 구절

"정직하게 행하는 자는 여호와를 경외하여도 패역하게 행하는 자는 여호와를 경멸히 여기느니라"(잠 14:2).

정의

정직은 하나님의 성품이다. 그는 정직하시다. 성경은 하나님께서는 진실하시며 거짓말을 하실 수 없다고 말하고 있다. 정직은 우리가 하는 행동과 말이 사실이라는 것을 의미한다. 하나님께서는 관계, 재정, 말 등 모든 것이 정직할 때 가장 잘 이루어지도록 만드셨다. 어떤 일에서라도 정직함을 선택한다면 우리가 하나님을 신뢰한다는 것을 나타내는 것이다. 하나님께서 우리를 돌보실 것이다. 재정에 있어서 정직은 단순히 거짓말을 하거나 속임수를 쓰지 않는 것만 말하는 것은 아니다. 그것은 공정함을 포함한다.

요령

이 원리를 가르치기 위해서는 우리가 자녀의 본보기가 되는 것이 특히 중요하다. 자녀들은 모든 것에 있어서 우리의 정직함이나 부정직함의 수준—예를 들어 아이들에게 아이스크림 사준 것을 배우자에게 알리지 않는 것에서부터 소득세에서 속이는 것까지—을 보고 배우고 그대로 모방할 것이다. 우리는 상대적 진리의 사회에서 살고 있다. 결과적으로 많은 부정직한 일들이 정당화되고 있다. 우리는 기준을 세울 필요가 있다. 부정직할 때 일이 잘 될 수 없다. 그것은 하나님의 축복을 멈추게 한다. 정직함은 하나님과 또 그가 만드신 모든 것과 맥을 같이 한다. 그것은 만사를 형통하게 한다. 우리는 아이들에게 그것을 보여줄 필요가 있다.

활동

"잠언 제스처 게임"

다음 페이지의 잠언 구절을 복사하여 잘라낸다.

종이조각들을 상자(모자나 그릇 등)에 넣어둔다. 개인별로 해도 되고

> "바른 길로 행하는 자는 걸음이 평안하려니와
> 굽은 길로 행하는 자는 드러나리라"
> (잠언 10:9)

> "정직한 자의 성실은 자기를 인도하거니와
> 사특한 자의 패역은 자기를 망케 하느니라"
> (잠언 11:3)

> "의인의 생각은 공직하여도 악인의 도모는 궤휼이니라"
> (잠언 12:5)

> "정직하게 행하는 자는 여호와를 경외하여도
> 패역하게 행하는 자는 여호와를 경멸히 여기느니라"
> (잠언 14:2)

> "많은 재물보다 명예를 택할 것이요
> 은이나 금보다 은총을 더욱 택할 것이니라"
> (잠언 22:1)

> "성실히 행하는 가난한 자는 사곡히 행하는 부자보다 나으니라."
> (잠언 28:6)

> "자기의 죄를 숨기는 자는 형통치 못하나
> 죄를 자복하고 버리는 자는 불쌍히 여김을 받으리라"
> (잠언 28:13)

아이들이 어리면 부모가 같은 팀이 되어도 된다. 첫번째 사람이 눈을 감고 한 장의 종이를 집는다. 그런 다음 가족들 앞에서 그 잠언을 몸짓으로 표현한다.

이 게임은 자연스럽게 토론할 기회를 만들어낼 것이다. 모든 사람이 그 몸짓이 어떤 잠언을 나타내는 것이라고 말하기를 원할 것이다. 이것은 그 구절의 의미에 대한 토론을 끌어낸다.

주의 : 시간을 제한하면 흥분을 더할 수 있다.

지침

정직함을 배우는 것이 아이들 생활의 모든 영역에 얼마나 도움이 되는지 쉽게 알 수 있다. 정직은 가정에서 어릴 때부터 강조되어야 한다. 자동판매기에서 많이 받은 동전을 되돌려주는 것을 배운 아이들은 다른 결정을 할 때도 부정직하게 하지 않을 것이다.

부지런함

가훈

"일을 되는대로 하지 말라. 올바르게, 빠르게, 잘 하라!"

워싱턴 타임즈의 한 기사는 새로운 구직자들이 현실을 너무 모른다고 말하고 있다. 너무 많은 월급을 원한다는 것이다. 그들은 수습으로 훈련받기를 싫어한다. 바닥부터 시작해서 승진단계를 차례로 거치려고 하지 않는다. 그 기사는 "그들은 자신의 뛰어남을 내보이려 한다. 그러나 그것은 그들이 제공해야 하는 능력과는 전혀 관계없는 것이다"라고 말하고 있다.

공립학교의 자아존중 프로그램이 이런 역효과를 낳고 있다. 우리 아이들은 자신에 대해서 긍정적으로 생각하지만 일을 하려고는 하지 않는다.

오늘날 이 사회에서 직업윤리를 가르치는 것은 매우 중요하다. 왜냐하면 우리 문화에는 '노력 없이 어떤 것을 얻을 수 있어' 라거나 '나는 그것을 받을 자격이 있어,' 또는 '빨리 부자가 되어야 해' 라는 식의 태도가 널리 퍼져 있어 바람직하지 않은 직업 가치관을 가르치고 있기 때문이다.

성경 이야기
부지런한 요셉(창 39~41장)
요셉이야기를 읽고 아이들에게 그 내용을 쉽게 풀어서 이야기해 주라. 하나님께서 어떻게 요셉으로 한 집을 다스리게 하고 감옥을 관리하게 하며, 나라를 다스리고 그 나라에 식품공급을 하게 하셨는가를 보여 주라. 하나님께서는 하나님의 직업윤리 3단계 계획을 요셉에게 실행하도록 하셨다.

1. 요셉은 그가 노예로 불공평하게 팔렸을 때에도 사람을 위해서가 아니라 하나님을 위해서 일하는 것처럼 열심히 일하였다. 그가 일을 잘 한다는 것을 그 주인이 알게 되었다.

2. 요셉은 하나님을 위해서 일을 했기 때문에 부지런히 최선을 다해서 일을 했다. 그래서 하나님께서는 그의 일을 축복하시고 보상해 주셨다.

3. 요셉의 주인은 요셉이 훌륭한 일꾼일뿐 아니라 그가 맡은 일들이 모두 잘 되어간다는 것을 알았다. 그래서 요셉을 승진시켜 주었다. 이것이 하나님의 계획이시다(사람을 높이는 것은 사람이 아니라 하나님이시다. 사람을 위해서가 아니라 하나님을 위해 일을 할 때 이런 일이 일어나는 것이다).

하나님의 직업윤리 3단계 계획

1. 사람을 위해서가 아니라 하나님을 위해서 일을 하므로 최선을 다하여 열심히 일한다.
2. 하나님께서는 열심히 최선을 다한 일에 대해 축복해 주시며 보상을 해주신다.
3. 하나님께서 우리를 승진시키실 수 있다.

암송 구절

"무슨 일을 하든지 마음을 다하여 주께 하듯 하고 사람에게 하듯 하지 말라"(골 3:23).

정의

성경에서 부지런함은 모든 일을 하나님을 위해 하며 최선을 다해서 하는 것을 말한다. 우리는 우리의 삶, 일, 우리가 가진 것, 그리고 다른 모든 것의 청지기이다. 만일 하나님께서 우리 곁에 서서 부엌바닥을 닦으라고 하신다면 구석구석 닦지 않겠는가? 천천히 게으르게 하겠는가? 아니다! 우리는 열심히 정말로 최선을 다해 일을 잘 하며, 집중해서 속히, 기대된 것 이상으로 일하는 법을 배워야 한다. 하나님을 위해서 일을 하기 때문이다.

부지런함은 마음의 태도로부터 시작하여 최선을 다해 일을 할 때 밖으로 나타난다. 하나님을 기쁘시게 하려고 하고, 그가 우리 삶의 책임자이시며 우리의 지위를 떨어뜨릴 수 있는 분임을 안다면 다른 것에 대해서도 더 훌륭한 태도를 갖기가 수월해진다. 첫째, 요셉이 노예나 죄수로 일을 했던 것과 마찬가지로 우리가 좋아하지 않는 일을 할 수도 있다. 그러나 하나님께서 우리를 이 자리에 있게 하신 것에는 이유가 있다는 것을 깨닫게 된다면, 우리는 하나님을 위해 여전히 부지런히 일을 할 수 있다.

둘째, 우리는 월급을 적게 주는 직장에서 일을 할 수 있다. 그러나 우리는 월급을 위해 일을 하는 것이 아니다. 하나님을 위해서 일을 하는 것이다. 하나님을 위해 일을 할 때 하나님께서 우리를 보살펴 주실 것이다. 그리고 때가 되면 하나님께서 승진을 하거나 합당한 대우를 받도록 해주실 것이다.

요령

1. 아이들에게 자신의 일을 잘 하라고 요구하기 전에 적어도 한번은 우리가 일을 하는 모습을 보여주는 것이 중요하다. 잔소리를 하는 대신 그들과 함께 있으면서 도와주고 격려해 준다. 아이들이 느리고 변변찮게 일을 시작한다고 해도 놀라지 말아야 한다. 그들을 훈련시켜야 한다. 일을 즐겁고 재미있게 하게 하며 격려와 칭찬을 아끼지 말라. 그들이 자꾸 잘 못하더라도 어떻게 하는 것인지 다시 보여 주라.

2. 아이들이 일을 할 때 부지런함과 직업윤리를 갖추도록 훈련시켜야 한다. 가장 훌륭한 대장이신 하나님을 위해서 일을 하는 것임을 상기시켜 준다. 하나님의 보너스 시스템은 한계가 없으며 무한대까지 확대될 수 있다. 열심히 일한다는 것은 우리가 하고 있는 일과 배운 방법에 대해 집중하면서 그 일에 많은 에너지를 쏟는 것임을 가르쳐야 한다. 우리는 아이들이 어떤 일에서 잘 할 때의 속도를 알아내어, 어떻게 하면 그만큼 빨리 일을 할 수 있는지 가르쳐야 한다(그들이 비디오게임을 할 때 보통 일어나는 일이다!). 또한 일을 잘, 확실히 다 해냈다는 것을 확인하기 위해 한 일에 대한 결과를 거듭 살펴보도록 가르쳐야 한다. 기대한 것 이상으로 성취하였는지를 알아내도록 아이들을 격려해야 한다.

활동

"작업 게시판" 만들기

자녀들에게 보수를 얻기 위해 어떤 개인적인 노력이 필요한지, 그리고 그들이 하는 일의 질이 그들의 단기적인 보상과 장기적인 평판에 어떤 영향을 주는지를 가르치기 위해서 작업 게시판을 만들어 보라. 30~50cm 카드보드 조각에 "해야할 중요한 일"이라는 말을 위에 써 붙인다. 포스트 잇을 이용해도 좋다. 아이들이 평소에 하는 일 중에서 가족으로서의 의무 이상의 일을 찾아내는 것이 중요하다. 일의 목록과 그 일이 잘 될 경우 지불할 돈을 메모지에 써라. 예를 들어 냉장고 청소 3,000원, 차고 청소 6,000원, 자동차 청소 4,000원 등이다.

고용 조건

- 모든 일은 돈을 지불하기 전에 검사를 받는다.
- 완성된 일에 대해서만 급료를 받을 수 있다. 부분적으로 완성된 일에 대하여 부분적 지불은 있을 수 없다.
- 일을 선택하기 전에 기도하라. 할 수 있는 이상의 일을 맡지 말라.
- 각 일에 대해서 자격요건이 게시될 것이다. 훈련은 가능하다.
- 나이와 경험은 급료와 자격요건을 결정하는 요인이 된다.
- 모든 일은 부지런히 해야 한다. 즉 열심히, 완벽하게, 빨리 일해야 한다.
- 게시된 일을 시작하기 전에, 평소에 해야 하는 일을 먼저 마쳐야 한다.
- 느리고 뒤쳐진 일에 대해서는 급료를 깎을 수도 있다.
- 아주 잘 된 일에 대해서는 보너스를 지급할 수 있다.
- 일한 시간을 기준으로 하는 것이 아니라, 일에 대해서 돈을 지불한다.

작업게시판 맨 밑에는 '고용조건'을 써넣는다.

일한 시간을 기준으로 돈을 지불하지 않는 것이 좋다. 어린아이들에게는 한 시간의 일도 버겁다. 일에 대해서 지불하는 것이 더 좋다. 이것은 돈이 교환의 수단이라는 개념을 심어준다. 일을 더 빨리 할수록 그들의 시간은 더 가치로운 것이 된다. 아이들이 이것을 깨닫도록 도와줄 필요가 있다. 일단 작업 게시판을 시작하면 그것을 지속하는 한편 규칙을 지킨다. 우리가 세운 규칙을 위반할 경우 작업 게시판의 목적은 무너질 것이다.

서로 다른 수준의 일을 요하는 연령이 다른 자녀들이 있다면, 일을 광고할 때 할 수 있는 연령대를 정해 줄 수 있다. 예를 들어 "현관쓸기 1,000원, 기술을 요함, 6~7세 가능, 빗자루가 있으면 좋음"처럼 할 수 있다.

지침

부지런함은 학교일, 인간관계, 재무계획, 신앙생활, 심지어 개인몸치장에도 적용할 수 있는 원리이다. 아이들이 일에 태만하거나, 느리거나, 깨끗하지 않게 하는 대신 열심히, 빠르게, 잘 하는 법을 배우게 되면, 그것을 생활의 모든 영역에 적용시킬 수 있을 것이다.

10장 재무관리의 실제: 장기 재무계획과 예산

지금까지 마음의 태도와 관련된 재무원리들을 살펴보았다. 이번 장부터는 배운 것을 완성하는 데 필요한 실제적 도움과 요령, 아이디어, 자료들을 계속 다룰 것이다. 우선 재무를 조직하고 계획하는 영역을 다룬다.

장기 재무계획

가훈
"그의 손에 계획을 올려 놓으라!"

성경 이야기
하나님께서는 당신에 대한 계획을 가지고 계신다!(시 139:1~18).
"내 형질이 이루기 전에 주의 눈이 보셨으며 나를 위하여 정한 날이 하나도 되기 전에 주의 책에 다 기록이 되었나이다"(시 139:16).

하나님께서 모든 것을 아심을 자녀에게 말해 주는 것은 중요하다. 그는 지금 현재 모든 곳에서 일어나고 있는 일을 아신다. 어떤 일이 일어날 것인지, 또 미래에 그 일이 어떻게 될 것인지 모두 아신다. 하나님께서는 우리 인생에 대한 계획을 가지고 계신다. 하나님께서는 우리 자신보다도 우리를 더 잘 아신다. 하나님께 우리의 생명을 드리고 그에게 지혜와 방향을 달라고 기도할 때 우리 인생은 하나님께서 창조하신 대로의 모습으로, 즉 하나님의 손 안에 있게 된다.

신앙 이야기
자신의 인생에서 하나님께서 어떻게 그의 계획을 나타내셨는지 말해 주라.

암송 구절
"내가 누워 자고 깨었으니 여호와께서 나를 붙드심이로다 천만인이 나를 둘러치려 하여도 나는 두려워 아니하리이다" (시 3:5~6).

정의
장기 재무계획이란 우리가 어디에 서 있으며, 어디로 가기를 원하는지, 그리고 어떻게 그 곳에 도달할 것인지를 나타내는 지도를 그리는 것이다. 그 계획에는 세 가지 점, 즉 첫째 하나님께서 우리를 위해 갖고 계신다고 믿는 것, 둘째 그것을 준비할 방법, 셋째 그러한 준비와 계획에 필요한 돈이 표함된다.

우리는 결코 하나님을 배제한 계획을 세우기를 원하지 않는다. 그래서 모든 것에 대해 하나님께 말씀드려야 한다. 하나님께서는 우리를 사랑하시고 우리를 위해 가장 좋은 것을 원하신다. 재무계획을 우리를 위한 하나님의 계획에 맞추는 것이 목표가 되어야 한다. 계획을 세우는 이유는 좋은 청지기가 되기 위해서이다.

우리는 하나님께서 원하시는 곳에 가기 위해 필요한 일을 하고 있는지 살펴보아야 한다. 마치 자동차 안에 있으면서 어떤 특정한 곳에 가기를 원하는 것과 같다. 일단 어디로 가기를 원하는지를 알게되면, 우리가 현재 가고 있는 길과 방향이 우리를 그곳에 데려다 줄 수 있는지 지도를 살펴보아야 한다. 그러나 하나님께서 모든 것을 보여주시지는 않는다는 것을 기억하라. 우리의 "지도"는 정기적인 기도를 통해 가는 방향을 조정하도록 요구한다.

요령

1. 이 개념을 자녀들과 함께 구체화시키는 것이 중요하다. 하나님께서 어디로 우리를 인도하고 계신지 이야기하고, 자녀들의 계획과 그들의 성숙도에 따라 계획을 조정한다. 궁극적인 인생 목표뿐 아니라 작은 목표들도 마찬가지다. 여기에도 같은 과정과 원리가 적용된다.

2. 아이들의 나이가 많을수록 그들의 계획은 보다 상세하고 정확해지며, 분명히 실현 가능성이 높아진다. 그러나 자녀가 어릴 때 치과의사, 소방수, 경찰관, 발레리나, 간호원과 같은 목표를 이루기 위해 간단한 계획을 세워보도록 하는 것을 주저할 필요는 없다. 이러한 과정은 아이들에게 계획하는 방법, 하나님의 계획에 대한 열린 마음, 목표에 도달하기 위해 해야 할 것을 준비하는 태도를 갖추도록 할 수 있다.

활동

"재무 그림지도" 만들기

가위, 풀, 연필, 크레용, 오래된 잡지와 신문, 종이, 마분지를 준비하라. 준비가 완료되면 하나님께서 각 사람의 인생에 계획을 갖고 계심을 선포하고 짧게 지혜와 인도하심을 구하는 기도를 하라. 다음으로 자녀들이 컸을 때 하나님께서 하기를 원하시는 것이 무엇이라고 생각하는지 각 자녀가 말하게 한다("너는 자라면 무엇을 하고싶니?"라고 묻는 것과 결과가 같을 수 있어도 앞의 질문은 올바른 씨앗을 심는 시초이다).

자녀의 대답을 나타내는 그림을 찾거나 그려서 종이의 한쪽 끝에 둔다. 하나님께서 치과의사나 의사가 되기를 원하신다고 생각한다면 치과의사, 치아, 치약, 병원 광고와 같은 그림을 찾는다. 그 그림 아래에 "의사 ○○○(자녀의 이름)"이라고 써준다. 이러한 활동을 하면서 치과의사(또는 의사)가 어떤 일을 하는 직업인지 자녀에게 설명해 준다. 그 다음에 풀로 붙여도 되는 아이의 사진을 찾거나 그려서 종이의 다른 쪽 끝에 붙인다.

다음으로 그 직업을 갖기 위해 밟아야 할 단계들을 나타내는 그림들(예를 들어 대학, 저축, 상업학교, 의과대학, 아르바이트, 돈가방, 연도를 나타내는 숫자 등)을 찾아서 종이의 중앙에 둔다.

자녀의 나이가 많을수록 더 복잡해질 것이다. 가장 어린 자녀의 경우 중앙에 놓을 것은 단순히 학교, 은행, 비행기 정도가 될 수 있다. 나이든 자녀와는 종이와 단어를 가지고 이 활동을 할 수 있다. 직업을 갖기 위한

〈하나님과 함께 하는 직업계획의 세 가지 요소〉

하나님께서 다스리신다!

- 하나님께서는 나에 대한 계획을 가지고 계신다.
- 하나님께서는 그 계획에 꼭 맞는 특별한 재능을 나에게 주셨다.
- 그의 지혜를 구하며 기도할 때 하나님께서는 나를 인도하시고 지도하실 것이다.

중요한 단계들 위에 동그라미를 치고 선으로 연결해 본다. 직업을 성취하기 위한 최선의 단계를 알아내기 위해서 관련 전문가를 인터뷰하거나 연구를 해볼 수도 있다. 그 직업을 가진 사람을 인터뷰한 후 그것이 자신이 원했던 일이 아니라고 결정할지도 모른다. 우리는 자녀들에게 가능성을 탐구하도록 격려하고 그것에 도달하기 위해 무엇을 해야하는지 알아낼 수 있도록 하는 것이 필요하다.

자녀들의 이해수준을 넘어서는 부담을 주지 않는 것이 중요하다. 이것을 몇 번 해보고 나면 자녀들은 여기에 무언가를 더 추가하기를 원할 것이다. 10대 자녀에게는 재무지도를 예산과 함께 정리하도록 한다.

이러한 요소들을 어린 자녀가 잘 기억하도록 돕기 위해서 활동을 덧붙일 수 있다. 앞페이지의 상자 안의 글을 넣어 포스터를 디자인하고 장식하도록 하라. 세 가지 요소의 의미를 표현하는 그림을 그리게 하거나그러한 의미를 담고 있는 그림을 찾아 붙이도록 하라. 첫 구절의 경우 계획의 개념을 나타내기 위해서 건축설계나 도로지도의 일부를 이용할 수 있다. 나이 먹은 자녀에게는 그 글을 넣은 책갈피를 만들도록 하거나 그 글을 암송하면 상을 준다.

지침

자녀가 아주 어릴 때부터 직업계획의 가장 중요한 세 가지 요소를 강조하라.

1. 하나님께서는 나에 대한 계획을 가지고 계신다.
2. 하나님께서는 그 계획에 꼭 맞는 특별한 재능을 나에게 주셨다.
3. 하나님께 지혜와 인도하심을 구하며 기도할 때, 하나님께서는 나를 인도하시고 지도하실 것이다.

그리스도인인 직업계획가라면 이 세 가지를 확실히 하는 것이 승리를 위한 핵심이라고 말해 줄 것이다. 만일 어린이가 이 세 가지 요소에 확신을 갖고 살아가게 되면 나머지는 상대적으로 간단하다. 부모가 자녀에게 이 세 가지 기본을 가르치고 계획단계로 이끄는 것은 앞으로 아이들이 해야 할 모든 교육적, 직업적 결정을 내리는 데 기초를 제공하는 것이다.

예산 세우기

가훈
"기도하고, 계획하고, 그것을 글로 써라. 그리고 의심하지 말고 그대로 행하라."

성경 이야기
기드온의 예산(삿 6~7장)(성장한 자녀에게 이 구절을 읽어주라. 어린 자녀에게는 읽어주고 나서 이야기해 주라. 혹은 이야기 성경책에서 그 이야기를 읽어주라).

이 이야기를 기드온의 예산이라고 부르는 것을 약간 과장된 것이라고 생각할지 모르겠다. 그러나 그 비유를 생각해 보라. 기드온은 자신의 군대로 많은 수의 사람을 모았다. 하나님께서는 그 일을 하기 위해 그렇게 많은 사람이 필요하지 않다고 말씀하셨다. 하나님께서는 기드온의 군대를 300명으로 잘라내셨다. 그리고 단지 그 사람들과 하나님의 도움으로 적군의 대군대를 물리칠 수 있도록 하셨다.

아이들은 사람들이 자신에게 필요한 돈이 기드온의 적군처럼 많아야 한다고 생각하는 경향이 있음을 알아야 한다. 그러나 성경 원리는 우리가 가진 것이 아니라 하나님의 지시를 따르고 하나님의 지혜를 구하는 것이 중요함을 말해 준다. 하나님께 순종하고 그를 신뢰할 때 하나님께서는 우리가 모든 일에서 승리하도록 도와주신다. 하나님께서 항상 우리에게 더 많이 주실 필요는 없다. 때로는 우리가 이미 가진 것으로부터 가장 많은 것을 얻을 수 있도록 도와주신다.

언젠가 상담하는 날, 세 부부가 나를 찾아왔다.

"무슨 문제로 오셨습니까?"라는 질문에, 첫번째 부부는 "우리는 돈이 충분하지 않습니다. 우리가 버는 돈으로 도저히 살 수가 없습니다"라고 대답하였다. 우리는 함께 소득과 지출을 검토했다(그들은 18,000달러를 벌었는데 25,000달러가 필요했다). 그들이 버는 것으로 살 방법이 없다는 것이 명백해졌다. 그들이 옳았다. 그들이 가고 나서 나는 그들의 문제를 생각해 보았다.

한두 시간 후 두번째 부부가 찾아왔다. "무슨 문제로 오셨습니까?" 나는 같은 질문을 던졌다. "우리는 충분한 돈이 없습니다"(그들은 38,000달러를 벌었고 55,000달러가 필요했다). 그들은 같은 대답을 했다. 이번에도 그들이 옳았다. 그들이 버는 것으로는 살 수 없었던 것이다.

세번째 부부가 들어왔다. "무슨 문제로 오셨습니까?" 나의 질문에 그들은 "돈이 충분히 없습니다"라고 대답했다(그들은 75,000달러를 벌었으나 95,000달러가 필요했다). 그들은 버는 것으로 살 수 없었다.

각 부부가 얼마의 돈을 버는가 하는 것이 진정한 문제가 아니라는 것이 점점 명백해졌다. 문제는 그들이 가지고 있는 돈을 어떻게 쓰는가 하는 것이다.

신앙 이야기

당신이 예산에 대해서 어떻게 배웠으며 그것이 어떤 도움을 주었는지 아이들에게 이야기해 준다.

암송 구절
"여호와께서 기드온에게 이르시되 내가 이 물을 핥아 먹은 삼백 명으로 너희를 구원하며 미디안 사람을 네 손에 붙이리니 남은 백성은 각각 그 처소로 돌아갈 것이니라 하시니"(삿 7:7).

주의 : 당신이 이야기를 들려주고 예산세우기 활동을 할 때 이 구절은 돈이 많은 것만이 중요한 것이 아님을 상기시켜 주는 역할을 할 것이다.

정의
예산이란 우리가 돈을 가지고 무엇을 할지 계획을 세우고 그것을 적는 것이다.

예산을 세울 때 가장 먼저 할 일은 헌금의 양을 정하는 것이다. 그 다음으로 해야 할 것은 세금, 청구서, 소비지출, 저축 등이다. 예산의 다음 기본 두 단계는 정확히 우리 가훈이 나타내고 있는 것이다.

1. 기도하고, 계획하고, 계획을 적는다.
2. 의심하지 않고 그대로 따른다.

요령과 활동
아이가 돈이 무엇인지 이해하고 돈을 받고 지출할만한 나이가 되면, 그들은 초기예산을 세울 수 있다. 초기예산으로부터 시작해서 아이들이 독립할 때는 완성된 예산을 세울 수 있게 한다. 우리는 초기예산과 완전한 예산 사이에 적어도 두 가지 단계를 더 제시할 것이다. 이것을 당신 자녀의 지출에 맞게 늘이거나 줄이거나 변경할 수 있다.

초기예산(3~8세)

"나눔은행"은 초기예산을 위한 완벽한 도구이다. 이 은행은 세 개의 상호 연결된 보관함으로 나누어져 있는데, "나눔," "저축," 그리고 "지출"이다. 초기예산에서는 다음 두 가지 방법에 따라 이 세 항목의 돈을 결정한다. 3~5세 아이들에게는 세 개의 동전(또는 3장의 지폐)을 주고 각 통에 동전을 하나씩 넣도록 한다. 하나는 하나님을 위한 것(교회), 하나는 저축(은행), 하나는 쓰기 위한 것(가게)이다.

6~7세가 되면 주어진 비율에 따라 나누게 하라. 10%는 헌금하고, 50%는 저축하고, 40%는 쓰도록 한다. 아이들에게 나누기 쉽도록 돈을 줄 필요가 있다. 처음 시도할 때는 도와주라.

돈의 분배는 "비워서 주기," "꺼내어 쓰기," "원하는 것 저축하기"의 세 가지로 한다. "비워서 주기"는 주일 아침에 "나눔"의 보관함을 비워 그것을 교회에 드리기 위한 것이다. "꺼내어 쓰기"는 "지출" 보관함에서 돈이 필요할 때마다 꺼내는 것이다. "원하는 것 저축하기"는 돈을 "나눔은행"의 "저축" 보관함에 넣어두는 것이다.

초기예산에서 기록할 필요가 있는 유일한 것은 저축, 혹은 "원하는 것 저축하기" 목표이다. 아이들에게 저축하는 데 너무 오래 걸리는 것이 아니면서 "꺼내어 쓰기" 돈으로 살 수 있는 것보다는 비싸고 특별한 것을 위한 목표를 세우도록 한다.

자녀가 무엇을 위해서 저축하는지 메모지에 쓰거나 그림을 찾아서 "나눔은행"에 붙인다. 우리는 아이들이 그 목표를 지켜나가기를 원한다. 이것은 그들이 예산을 만들고 지키는 첫 경험이기 때문이다(만일 "나눔은행"이 없다면 봉투 세 장이나 칸을 나누어 표시한 보관함만 있어도 된다).

간편예산(9~12세)

간편예산은 나눔은행에 지어질 수도 있으나 조금 더 상세한 계획과 필기가 필요하다. 아이들에게 은행과 함께 작은 공책을 준다. 그 공책은 저축기록부, 예산기록장 같은 역할을 한다.

가르칠 때의 요점은 각 보관함에 있는 돈을 꼭 한 곳에만 사용해야 하는 것은 아니라는 것이다. 그 돈은 계획에 따라 다른 목적에 쓰일 수 있다. 여기서는 4개의 항목으로 나누어보자.

1. 헌금 10%
2. 작은돈 저축 25%(단기저축)
3. 큰돈 저축 25%(장기저축)
4. 지출 40%

"단기저축"과 "장기저축"의 두 항목은 "원하는 것 저축하기" 항목을 대체한 것이다. 둘다 은행의 "저축"함에 넣는다. 공책은 다음과 같이 사용할 수 있다.

1면 - 4개의 항목과 비율을 쓴다.
2면 - 상단 : 우리의 가훈인 예산의 두 단계를 적는다.
　　　1. 기도하고, 계획하고, 계획을 적는다.
　　　2. 의심하지 않고 그대로 따른다.
중간 : 목표물의 그림(선택사항)
하단 : "단기저축"은 단기간의 계획을 위한 것이라고 설명할 수 있다(모든 저축을 미리 배분해야 하는 것은 아니다. 그러나 지금은 아이들에게 원하는 것을 위해 저축하고 계획하는 것을 가르치려고 하는 것이다. 나머지는 나중에 나온다).

아이들이 3~6주 정도 저축을 하면 가질 수 있는 것을 생각하도록 하라(이것을 알아낼 수 있도록 도와주라). 그들이 결정한 것과 그 값을 적도록 한다. 값이 얼마인지를 모르면 알아내도록 도와준다.

3면 - "단기저축 다이어리"

은행의 "저축함"에 돈을 넣을 때마다 얼마나 모아졌는지 쓰도록 한다.

4면 - 상단: 가훈을 다시 쓰라.

중간: 목표물의 그림(선택사항)

하단: "장기저축." 3~6개월 정도 걸리는 목표를 세우도록 하고, 그 목표예산을 쓰도록 한다(이것을 몇 번 성공적으로 해본 후, 그리고 아이들이 자라면 더 오랜 시간이 걸리는 것을 위해 저축하도록 허용한다. 예를 들어 단기저축은 2~3개월의 목표로, 장기저축은 1년 목표로 할 수 있다).

5면 - "장기저축 다이어리"

은행의 "저축"함에 돈을 넣을 때마다 얼마나 모아졌는지 쓰도록 한다.

간편예산에서 중요한 점은 저축기간을 짧게 해서 빨리 목표를 달성하며 그 과정에 재미를 느낄 수 있도록 해주는 것이다. 목표를 달성하면 자녀들과 함께 기뻐한다. 그들이 저축한 것에 대해 칭찬해 주고, 목표로 한 것을 곧 살 수 있도록 한다. 만일 구매─그들이 힘들여 한 일에 대한 기쁨과 보상─를 늦추게 되면 저축에 대한 동기가 다소 약화될지도 모른다.

간편예산에서 나눔은 여전히 "비워서 주기"로, 지출은 여전히 "꺼내어 쓰기"로 이루어진다. 그 돈은 그들이 원하는 방법대로, 그러나 물론 가족이 정한 일정한 규칙 내에서 사용하게 한다.

지출할 돈이 떨어지면 더 이상 돈이 없다는 것을 기억하라. 어떤 항목으로도 보충해 주지 말라. 부족한 돈을 보충해 주는 것은 교육의 목적에 위배된다. 우리는 아이들이 예산을 짤 때 돈의 가치를 물리적으로 이해하도록 훈련하는 것이다. 정해진 규칙을 부모가 어기면 자녀에게 잘못된 메시지를 주게 된다.

10대 예산(13세부터 집을 떠나기 전까지)

완전한 예산으로 나가기 위해 10대 예산에는 2개의 항목을 더 첨가할 것을 제안한다.

1. 나눔 10%
2. 지역사회 "세금" 5%
3. 단기저축 25%
4. 장기저축 25%
5. 공과금 10%
6. 지출 25%

첫째, 기능적 체계를 다루어보자. "나눔은행"은 더 이상 작동하지 않는다. 저축구좌를 개설할 때가 된 것이다. 이 단계에서 아이들은 더 이상 게임이나 돼지저금통처럼 금융체계의 기능을 흉내내었던 활동들이 필요하지 않게 된다. 그러한 체계가 현실에서 어떻게 작동하는지 배울 시점에 와 있는 것이다. 아이들을 데리고 은행에 가서 저축구좌를 개설하기 위해 상담하도록 하라. 그들이 바른 질문을 하는지, 또 담당직원이 그에 대해 적절한 설명을 하는지 확인하라.

"왜 두 개의 구좌인가? 왜 하나로 시작하면 안 되나?"와 같은 의문을 가질 수 있다. 두 구좌로 시작하는 것은 "하나의 지출원천만 있는 것은 아니다"라는 메시지를 가르쳐 주는 것이다. 은행명세서를 어떻게 확인하는지, 수표사용을 어떻게 하는지 가르쳐 주라. 자녀가 자라게 되면 용돈이나 일에 대한 대가를 수표로 지급하라. 그들이 '은행에 돈을 넣기 전에 현금을 그냥 써버리려는' 유혹에 빠지지 말게 하라. 그리고 그들에게 정기적으로 돈을 주라.

은행으로의 이러한 이동은 '어른이 되는 것을 환영'하는 방법으로 접근할 수 있다. 예를 들어 그들의 13번째 생일이 되면 자신의 은행구좌를 갖게 해 주겠다고 말한다. 나이가 들수록 더 중요한 책임을 맡게 된다는 것을 알게 함으로써 그들을 고무시킬 수 있다. 이것을 하루에 모두 다 설명할 필요는 없다. 아이들에 따라 속도를 조정하는 것이 좋다. 그들을 지루하게 만들면 안 된다. 그렇지 않으면 우리는 그 과정을 앞으로가 아니라 뒤로 밀게 되는 것이다.

훈육은 어떤 훈련 과정에서도 역할을 한다. 그러나 우리가 이미 논의한 접근의 논리를 바르게 사용한다면 그 필요는 줄어들 수 있다. 게다가 일찍 시작하는 이유 중의 하나는 아이들에게 이 모든 것을 빠른 시일 내에 배워야 하는 부담을 주지 않기 위해서이다. 이것을 올바르게 익히는데 당신의 경우 얼마나 시간이 걸렸는지 기억하라.

우리가 학습체계에 대해 이야기할 때, "신용카드를 사용하도록 할 것인지 사용하지 않도록 할 것인지, 사용하게 한다면 언제 하게 할 것인지"에 대한 결정을 해야 한다. 이에 대한 제안은 11장의 "부채와 신용" 부분에서 다룰 것이다. 10대 예산에 첨가된 두 개의 항목에 대해 이야기해 보자.

지역사회 "세금"

이런 말이 있다. "인생에 두 가지 확실한 것이 있는데, 그것은 죽음과 세금이다." 만일 우리 자녀가 예수님을 알고 있다면 이 둘 중에 더 중요한 것을 위해 준비된 셈이다. 이제 세금에 대해 준비시킬 때이다. 아이들이 어릴 때 세금에 대해 좋은 태도를 형성하도록 가르치는 것은 인생에 대해 더 잘 대비할 수 있게 하는 것이다. 아무런 경고를 주지 않고 세금체계가 돈을 없앤다는 것을 깨닫게 되기까지 기다린다면 그들은 세금에 대해 불만을 품을 수 있다.

예수님께서는 "가이사의 것은 가이사에게, 하나님의 것은 하나님께 바치라"(마 22:21)고 말씀하셨다. 아이들이 세금항목을 예산에 포함시킬 즈음에 이 구절을 둘러싼 이야기를 읽어줄 수 있다. 세금으로 지불되는, 우리를 둘러싼 좋고 실용적인 것들에 대해 설명해야만 한다. 우리가 지금과 같이 살 수 있는 환경은 바로 일종의 채권금융인 정부지출, 즉 세금으로 이루어진 것이다. 지역사회의 기부를 통한 지역사회의 이익증진의 개념이 아닌 것이다. 그러면 그 돈으로 우리는 무엇을 할 것인가?

제안

집에 "지역사회 세금" 상자를 만들어 보라. 자녀들이 그 곳에 얼마를 넣는가에 맞추어 당신도 기부금을 넣을 수 있다. 상자나 봉투, 혹은 부엌에 있는 병에 "지역사회 세금"이라고 표시하면 된다. 나중에 그 돈을 어떻게 쓸 것인지 가족이 함께 결정한다. 전체 가족원 상호간에 도움이 되는 것을 사는 데 쓰여야 한다. 바베큐 그릴이나 컴퓨터와 같이 장기목표로 삼은 것을 살 수도 있다. 매달 가족들을 위한 새 비디오 구입과 같이 더 단기간의 목표일 수도 있다.

세금지불자 가운데 세금을 내지 않는 어린 동생들에 대해 불만을 제기하는 경우가 생기면, 세금체제가 어떻게 작동하는지 말해 줄 좋은 기회이다. 자녀들에게 아무런 유익이 없는 것을 위해 이 기금을 사용하지 않도록 주의해야 한다.

공과금

자녀들의 예산이 점점 복잡해지게 되는 것은 그들이 독립해서 나갈 때 완성된 예산을 세우는 데 필요한 기본개념을 각 수준에 따라 점진적으로 가르치기 위해서이다.

성인의 예산 항목들 가운데 가장 큰 것은 정기적인 청구서와 공과금이다. 10대들은 소득의 10%를 가지고 이 항목을 시작하기를 권유한다. 용돈과 아르바이트 소득, 혹은 정기적 또는 평균적인 외부소득을 합해보면 10대 전체소득의 10%가 어느 정도 되는지 짐작할 수 있다.

다음으로 그 액수와 비슷한 정도로 정기적으로 지불해야 할 경비가 있음을 생각해 보도록 한다. 교육비나 지역사회센터의 활동비, 그들 자신의 전화비 등이 될 수 있다. 아니면 덜 비싼 여러 항목들, 예를 들어 기독교 잡지의 정기구독, 가족 전화의 통화대기 선택에 대한 추가비용(그래서 다른 가족원의 의사소통 흐름을 방해하지 않고 친구와 이야기 할 수 있는)이 될 수도 있다. 중요한 것은 당신의 자녀가 흥미를 느끼는 적합한 항목을 찾아내는 것이다.

자녀들이 청구서를 받기 시작할 즈음 그들이 서류처리를 질서있게 하고 청구서를 제때에 지불하는 습관을 갖도록 하기 위해서 함께 노력할 필요가 있다.

재정 서류를 정리하기 위해 책상서랍 같은 특별한 장소를 이용하도록 한다. 한 장소에 모든 것—수표책, 은행서류, 통장, 영수증, 청구서, 지불계약서, 가계부 등—을 두도록 권고한다.

주의 : 이 공과금 항목은 이미 산 물건의 값을 치르기 위한 부채를 갚는데 사용하게 하면 안 된다. 그것은 우리가 가르치려고 하는 저축 후 지출

정책을 변형시켜, 구매 후 지불이라는 세상적 관습을 갖게 하는 것이다.

10대 예산을 하는 아이들은 지출을 기록해야 한다. 이때 그들이 기록 형식을 정하도록 도와준다(페이지를 마음대로 뺐다 끼웠다 할 수 있는 포켓이 달린 바인더가 좋다).

1면 - 두 단계 예산(우리 가훈)을 적는다.
    1. 기도하고, 계획하고, 계획을 적는다.
    2. 의심하지 않고 그대로 따른다.

2면 - 6개 예산 항목과 비율을 써라.

3면 - 지불할 때마다 기록하도록 한다. 아이들이 '비워서 주기' 상태에서 막 벗어난 초기에는 지불했는지 안 했는지 잘 잊어버린다. 다른 사람이나 필요한 사람을 돕는 특별구제, 특별헌금 등도 적는다. 가족의 "믿음 과제"를 적을 수도 있다(이 단계에서 특별 구제는 지출항목으로부터 나오도록 한다. 하나님을 따르고 나누기 위해서 희생이 필요함을 느끼는 데 도움을 주기 때문이다. 나눔의 목표가 지출항목에서 지출하기에 너무 크다면 단기저축 목표를 조정하도록 돕거나, 단기목표 중 어떤 것을 부모가 이루어 줄 수도 있을 것이다).

4면 - 지역사회 세금으로 무엇을 하기로 했는지 적고, 지출기록을 한다. 이 지출은 현금으로 하여 가계경영자에게 가외부담을 주지 않도록 한다.

5면 - 단기저축: 3개월 내지 6개월의 목표라는 것을 제외하고는 간편예산과 다름없다(때로 더 단기간으로 하는 것은 괜찮으나 언제나 그러지는 않도록 한다).

6면 - 장기저축: 아이들은 이 항목을 그들의 "재무계획"과 연결하여 생각하기 시작해야 한다. 대학진학을 위해 기도하고 필요한 돈을 위한 계획을 세운다면 장기저축도 같은 방향으로 가야 한다. 만일 컴퓨터를 사기 원하지만 그것이 장기계획의 일부가 아니라면 단기저축을 좀더 오랜 기간 저축하여 그것을 살 수 있도록 해야 할 것이다. 장기저축 바로 옆에 재무계획의 복사본을 두게 하면 그 둘을 같이 볼 수 있을 것이다.

7면 · 공과금: 지불 날짜와 금액을 적도록 하라. 지출계약서나 서류들, 청구서들은 바인더의 포켓에 넣어둘 수 있다.

8면 · (책의 나머지 부분) "얼마나 벌었으며 그것이 어디로 지출되었는가?"를 나타내는 페이지는 매달 작성되어야 한다. 각 곳에서 들어온 돈과 총액, 각 항목별로 지출된 돈을 알면 된다. 항목별 지출 비율을 계산해 보도록 하고, 정확한 액수의 지출에 표를 하도록 한다(즉 잘못 지출한 것이 무엇인지 평가하고 그것을 고치도록 한다). 중요한 것은 들어온 돈이 나간 돈, 또는 지출된 돈과 같아야 한다는 것이다.

이 모든 것은 어떤 아이들에게는 쉽고 단순한 반면 어떤 아이들에게는 매우 어렵게 느껴질 수도 있다. 우리는 자녀에게 10대 예산을 훈련시킬 때가 언제인지 판단해야 한다. 11살이 될 수도 있고 15살이 될 수도 있다. 실패할 새로운 체계를 시작하는 것보다는 간편예산을 더 오랜 기간 유지하는 것이 낫다. 아이들이 좌절하도록 만들지 말라. 일단 시작하면 지나치게 요구하거나 방치하지 않아야 한다! 아이들이 잘 할 때까지 함께 노력하라. 그들을 위해서가 아니라 그들과 함께 하라. 때가 되면 스스로 혼자 하겠다고 말할 것이다. 일단 자신감이 생기면 독립심이 나타날 것이기 때문이다.

완전한 예산으로

아이들이 가정의 둥지를 떠날 때쯤 되면 그들이 완전한 예산으로 옮겨 갈 수 있도록 도와주어야 한다. 각 항목에 배분될 비율은 개인이나 가족 소득에 따라 다소 다르다. 참고를 위해 항목들을 제시하면 다음과 같다.

1. 십일조
2. 주거비
3. 자동차
4. 부채상환
5. 의류비
6. 의료비
7. 자녀교육 및 양육비
8. 세금
9. 식료품비
10. 보험
11. 오락, 여가활동비
12. 저축
13. 잡비
14. 투자
15. 기타

아직 자녀에게 재무교육을 본격적으로 하고 있지 않다면 자녀를 가족예산에 끌어들여 예산과정에 참여시키는 것이 중요하다는 것을 말하고 싶다. 우리가 어디에 돈을 쓰는지 보여주어 자녀들이 배우게 해야 한다. 주거나 자동차, 식품, 옷, 그리고 기타 항목에 얼마나 돈을 쓰는지 보여줄 수 있다.

주의

부모의 감독 하에 가계재정을 6개월 정도 자녀가 관리하도록 할 수 있다. 이것은 마치 10대에게 운전을 가르치는 것과 같다. 16살된 아이에게 차열쇠를 주면서, "행운을 빈다. 나중에 보자"라고 말하며 돌아서는 사람은 아무도 없을 것이다. 대신 자동차를 통제할 수 있다는 느낌을 가질 때까지 훈련하는 시간을 보낼 것이다.

재정도 마찬가지다. 집을 떠나기 전에 "재정에 대한 통제력을 가지도록" 해야 한다. 재무계획 워크북이나 그들 스스로 계속 배워갈 수 있는 자료들을 사줄 수도 있다.

지침

일단 아이들이 어려움 없이 예산을 조정할 수 있는 단계에 와 있으면 다른 계획을 첨가해 줄 수 있다. 일일계획표를 사주고 일상계획을 세우도록 하거나 기도일지를 준비해 줄 수도 있다. 돈에 대해서만이 아니라 시간과 에너지에 대한 계획과 실천도 훈련할 필요가 있는 것이다. 예산기술은 다른 여러 영역에 적용될 수 있다.

이제 실제 돈 거래를 위한 영역으로 넘어갈 준비가 되었다.

초기 예산 기록부(3~8세)

날짜	구제/십일조(10%)		저축(50%) 목표: 금액:		지출(40%)		총액
	내용	금액	내용	금액	내용	금액	

간편 예산 기록부(9~12세)

날짜	구제/섬김(10%)		단기 저축(25%) 목표:	금액:	장기 저축(25%) 목표:	금액:	지출(40%)		총액
	내용	금액	내용	금액	내용	금액	내용	금액	

10대 예산 기록부(13세 이상)

날짜	구제/십일조(10%)		지역사회 세금		공과금		단기 저축(25%) 목표: 금액:		장기 저축(25%) 목표: 금액:		지출(25%)		총액
	내용	금액	내용	금액	내용	금액	내용	금액	내용	금액	내용	금액	

11장 실생활에서의 금융거래

이제 당신의 자녀는 자신의 삶에 굳건하게 지어진 기초를 갖게 되었고 실제 상황에서 돈을 쓸 준비가 되었다. 배운 것을 실행에 옮길 때가 된 것이다.

저축과 투자

가훈
"투자와 저축, 그리고 네가 밟을 미래를 위해 길을 닦는 일을 오늘 하라."

성경 이야기
요셉의 저축계획(창세기 41장)을 자녀에게 읽어 주라. 자녀가 너무 어리면 읽고 나서 이야기를 해 주거나 이야기 성경책을 읽어 주라.

자녀에게 저축에 대한 균형 잡힌 이해와 접근방식을 가르치도록 주의해야 한다. 하나님께서 요셉에게 지혜를 주셨음을 말해 준다. 요셉은 야곱의 사랑 받는 아들로 자라났다. 야곱이 그의 장인 라반에게 고용된 이야기를 보면, 요셉은 그의 아버지 야곱의 생애를 통해서 일의 윤리가 무엇인지 자연스럽게 알게 되었고, 부(富)란 하나님의 지혜와 축복에 따라 점차 조금씩 쌓아가는 것임을 배웠으리라고 짐작할 수 있다.

요셉은 비록 노예로서 자신의 돈을 가지고 있지 않았지만 보디발의 집안 구석구석까지, 나중에는 감옥의 모든 것을 관리하였다. 그들 모두는 번영하였다. 하나님께서는 요셉이 해야 할 일에 대하여 가르치시고 준비시키셨다. 이것은 요셉이 어느 한 순간에 할 수 있게 된 것이 아니다. 하나님께서 보여주신 특별한 문제에 대하여 하나님의 원리를 적용함으로써 가능했다. 요셉은 가진 것을 전부 쓰는 대신 미래의 필요를 위해 저축의 원리를 적용했다. 또한 이집트인이 기근시에 필요로 하는 것보다 더 많이 예비함으로써 투자의 원리를 적용하였다. 쓰고 남은 것들을 다른 나라에 팔아 많은 이익을 남길 수 있었던 것이다.

미래가 어떨지 우리는 모르지만 하나님께서는 아신다. 미래를 두려워하면 무조건 쌓아놓으려 하게 되고, 미래를 무시하면 과소비를 하게 된다. 그러나 하나님의 인도하심을 따르고 그의 원리를 적용하면 균형잡힌 삶을 살게 된다.

신앙 이야기

자녀들에게 하나님께서 저축과 투자를 통하여 우리가 예견하지 못했던 일을 대비시키셨던 경험을 이야기해 주라.

암송 구절

"지혜 있는 자의 집에는 귀한 보배와 기름이 있으나 미련한 자는 이것을 다 삼켜 버리느니라"(잠 21:20).

정의

'저축'이란 매달 계획된 소득의 일부분을 미래를 위해 떼어놓는 것을 말한다. 저축은 한 달간 쓸 수 있는 것보다 더 비싼 물건을 사기 위해 충분한 돈을 모으는 방법이 된다. 저축은 또한 하나님께서 우리를 위해 계획해 놓으신 미래, 예를 들면 대학진학과 같은 것을 준비하도록 도우시는 방법이다. 때로 하나님께서는 우리가 알지 못하고 기대하지도 않았던 미래의 것들을 위해 우리를 준비시키시려고 저축을 이용하신다.

'투자'란 소득의 계획된 부분으로 무엇(예컨대 땅)을 사거나 더 많은 돈을 만들려는 목적으로 기업이나 신탁상품에 돈을 넣어두는 것을 말한다. 그 재산의 가치가 높아지면 돈을 벌게 된다. 또 그 기업이나 신탁상품이 이익을 얻게 되면 이익을 얻게 된다. 하나님께서는 저축과 같은 목적으로 투자를 사용하실 수 있다.

저축과 같이 돈을 은행에 맡기고 적은 이자를 받는 대신 지혜롭게 투자하면 더 많은 돈을 빨리 벌 수 있다. 그런데 잘못 투자하면 돈을 잃을 수도 있다는 점에서 투자는 저축과 다르다. 투자를 하게 되면 때로는 일정기간 돈을 내버려두어야 한다. 따라서 우리는 먼저 저축하고, 저축의 일부분으로 현명하게 투자해야 한다.

요령

1. 가능한 한 빨리 자녀에게 저축목표를 준다. 자녀들이 인내심을 잃기 전에 보상을 받을 수 있도록 작은 목표부터 시작한다.

2. 자녀가 저축목표를 달성하자마자 목표로 한 것을 같이 사러 가는 시점을 만드는 것이 중요하다(빨리 한다고 해서 현명한 구매과정을 생략하라는 것은 아니다).

3. 자녀가 은행에 저축을 할 때 이자율에 대해서 가르쳐줘야 한다. 복

리로 저축할 때, 몇 년 후 저축액이 얼마나 자라는가를 예시해 주는 간단한 숫자를 보여줄 수도 있다.

4. 저축에 대해 융통성을 가지도록 가르쳐주어야 한다. 하나님께서 저축한 것의 주인은 하나님이시며 우리는 청지기이다. 우리는 이런 저런 이유 때문에 저축해야 한다고 생각하지만, 우리 주인은 그 돈에 대해 다른 목적-다른 사람의 필요를 채우는 목적-을 가지실 수도 있다. 이것은 자녀들이 그들의 눈을 저축에 고정시키는 대신 하나님께로 향하도록 도움을 준다. 저축이 우리의 공급자는 아니다. 하나님이 공급자이시다.

활동
가족 투자 프로그램

1. 투자에 대해서 자녀에게 가르칠 수 있는 방법에는 여러 가지가 있다. 그 중 한 가지는 자녀를 위한 특별투자기금을 이용하는 방법이다.

여기서는 함께 하는 방법, 예를 들면 자녀가 당신의 투자에 돈을 보태도록 하는 방법을 권하고 싶다. 자녀들에게 당신이 무엇을 왜 하는지 보여 주라. 10대 예산을 운용하는 자녀라면 정보내용을 복사하여 주고 그들의 예산바인더에 투자항목을 만들어보도록 한다. 당신과 함께 투자하게 되면 분명히 당신의 자녀는 흥분하게 되며 이 과정에서 많은 것을 배우게 될 것이다.

당신이 전혀 투자하고 있지 않다면 이때가 투자를 한 번 해볼 시기이다. 가능한 투자종목을 찾게되면 그것에 대해 기도하고 가족을 위해 적합한지 결정하라. 가족회의를 해서 가족 모두가 그들의 저축의 일부를 투자하도록 권고한다. 투자하기 위해 먼저 저축부터 해야 할지도 모른다. 가족 모두가 투자를 위해 기도하고 관리하는 데 참여하도록 하라.

자녀와 함께 투자조건과 용도, 수익에 대해 토의하라. 그들과 같은 조건으로 수익을 나누는 것이 중요하다. 투자종목을 팔거나 현금화하게 되면 총 투자수익에서 투자한 비율만큼 수익으로 준다(현명하게 투자하고 고위험 종목에 투자하지 않도록 한다. 자녀들은 확실한 투자를 하는 법을 배워야 한다. 왜 그 투자를 선택했는지 자녀에게 이유를 설명할 수 있어야 한다).

주의 : 자녀들이 투자에 대해 바른 생각을 갖도록 하는 것이 중요하다. 투자수익을 올리는 데 몰두하게 되면 돈의 바른 용도, 즉 생계와 나눔 대신 투자자체에 초점을 두게 된다.

2. "타임머신 저축 게임"을 한다. 신발상자를 하나 구해서 그 위에 "타임머신"이라고 쓴다. 용돈을 줄 때 자녀에게 이자가 어떻게 생겨나는지를 설명해 준다. 은행에 돈을 맡기면 은행은 그것을 이용해서 돈을 벌게 된다. 그러면 은행은 돈을 쓰게 해준 데 대하여 이자를 지불한다. 시간이 지나면서 이자가 늘어나기에 은행에 맡긴 돈이 불어나게 된다.

자녀에게 이 상자가 타임머신이라고 말하라. 은행구좌와 같은 것인데 더 빠를 뿐이다. 한 달이 지나면 타임머신은 미래를 향해 10년 동안 여행을 한 것이 된다. 자녀들이 쓸 수 있는 용돈의 일부를 선택해서(십일조, 세금, 기타 협상할 수 없는 것들은 제외하고) 한 달간 타임머신 안에 넣을 수 있도록 한다. 이것은 그들이 한 달간 그 돈을 쓸 수 없다는 것을 의미함을 확실히 설명해 준다. 타임머신은 그 돈을 10년 후의 미래로 가져가며 10년간의 이자를 벌어줄 것임도 설명해 준다. 자녀를 위해 이자를 계산해 주지는 말아라. 그 게임을 할 것인지, 타임머신에 얼마를 넣어둘 것인지에 대한 결정을 자녀에게 맡긴다.

다음 달 용돈을 줄 때 자녀에게 그 돈이 어떻게 되었는지 보여준다. 그것은 10년간 10%이자율로 복리계산된다(대강 계산해보면 원금의 약 2.5배—즉 1,000원을 넣어두면 10년 후 2,500원이 된다).

자녀들은 그 게임을 다시 하기를 원할지도 모른다. 그러나 타임머신은 각 자녀에게 단 한번만 작동한다고 설명해 준다. 게임을 다시 하길 원하면 돈을 정상적인 이자를 주는 은행에 맡기게 하면 된다.

중요한 것은 자녀가 저축의 이득에 감명을 받도록 하는 데 있다. 부채에 대해서는 그 반대의 생각을 갖도록 한다(이자를 지불한다는 개념을 설명해 줄 수 있다. "부채와 신용" 부분에서 더 많은 것을 다룰 것이다).

다음은 돈이 어디에 쓰였는지 자녀들이 이해하도록 도와줄 활동이다.

돈이 어디로 갔는가?

1. 돈이 어디로 갔는지 살펴보자. 두 가지 목록을 작성해 보라.

   a. 저축한 돈이 있다면 그것으로 사고 싶은 것들:
   (1) _____
   (2) _____
   (3) _____
   (4) _____
   (5) _____

   b. 과거에 순간적인 충동으로 구입했던 것들:
   (1) _____
   (2) _____
   (3) _____
   (4) _____
   (5) _____

2. 두 가지 목록을 비교해 보라. 어떤 것들을 더 갖고 싶은가? 첫번째

목록을 우선 순위에 따라 기록하고 저축목표를 세우도록 하라. 목표를 가지고 있을 때는 충동적 구매에 대해서 "아니오"라고 말하기가 쉽다. 정말 좋아하는 것이 떠오르면 목록에 추가할 수 있다.

3. 이제 정말 원하는 어떤 것에 대한 단기저축 목표를 선택하고 그것을 위해 저축하기 시작하라. 그것은 특별한 여행이나 어떤 물건이 될 수도 있다.

a. 그 품목을 위하여 얼마나 저축해야 할지를 결정하기 전에 가장 낮은 가격을 발견하기 위해 조사할 필요가 있을 것이다.

b. 모든 비용을 포함해야 함을 잊지 말라. 예를 들어 애완동물을 사고자 할 때 예방접종을 포함한 병원진료비, 가죽끈, 사료그릇 등을 위해서도 저축해야 한다. 스케이트보드의 경우에는 헬멧과 패드도 같이 사야한다.

c. 애완동물 먹이나 정기적 진료와 같은 지속적인 비용들을 포함하여 모든 경비를 계산하라. 세금을 포함하는 것도 잊지 말라!

(1) 물품가격 _____
(2) 부수적으로 필요한 물품 _____
(3) 필요한 안전용품 _____
(4) 지속적인 관리비용 _____
(5) 세금 _____

저축예금 정보탐색

이 연습을 통해서 자녀들이 이자가 어떻게 작동하는지 이해하도록 하고 이에 근거하여 저축결정을 할 수 있도록 돕는다.

1. 연 10%의 단리로 매달 50달러(혹은 매년 600달러)씩 저축한다면 10년 후에는 얼마를 얻게 될까?

다음 공식을 이용하라.

[원금 + (원금 × 이자율)] × 기간 = 총액

주의 : 이자율을 소수로 계산하라: 10%는 0.10으로, 15%는 0.15로 계산한다.

(합계액〈=600달러/년 + 지난해 총액〉 + 60달러〈이자〉 = 올해 총액)

1년 후: [600달러 + (600 × 0.1)] × 1년 = (600 + 60) × 1 = 660달러

2년 후: (600달러 + 60) × 2년 = 1,320달러

3년 후: 660달러 × 3 = _____

10년 후: _____

만일 예금에 이자가 없다면 은행에 6,000달러만 있을 것이다. 그러나 이자가 있다는 것은 원금외에 600달러를 벌었다는 말이다!

2. 10년 동안 연 10% 복리인 예금에 저축한다면 어떻게 될까?

다음 공식을 이용하라.

잔액 + 새로운 저축액 600달러 = 새로운 잔액

새로운 잔액 + (새로운 잔액 × 이자율) = 총액

1년 후: 600달러 + (600달러 x 0.1) = 660달러

2년 후: 1,260달러〈= 660달러 + 600달러〉 + (1,260달러 × 0.1) = 1,386달러

3년 후: 1,986달러 + 198.6달러 = 2,084.60달러

4년 후: 2,684.60달러 + 268.46달러 = 2,953.06달러

5년 후: 2,953.06 달러+

6년 후: _____

7년 후: _____
8년 후: _____
9년 후: _____
10년 후: _____

복리로는 600달러보다 더 많은 이자를 얻을 수 있다! 어떤 예금이 더 유리한가?

지침

저축과 투자의 실제체험을 통해 우리의 모든 결정이 미래에 영향을 준다는 것을 자녀에게 보여주라. 현재의 지혜로운 행동은 설혹 희생이 따르더라도 미래에 좋은 보상을 안겨줄 것이다. 하나님의 방식은 한 순간의 삶을 위한 것이 아니다. 하나님의 방식은 매순간 평화롭고 만족한 상태로 살고 또 미래를 위해 올바른 선택을 하면서 살게 한다.

이 원리는 자녀가 당면할 또래집단의 압력과 인생에서 부딪힐 유혹에도 적용할 수 있다. 이 원리와 그 결과를 단순한 재무영역에서 터득한다면, 배우자를 위해 자신을 아껴두는 것과 같은 보다 복잡한 결정도 이해하고 따라가기가 쉬워진다.

지출

가훈

"지칠 때까지 쇼핑은 해도 돈을 끝까지 지출하지는 말라."

성경 이야기

내일이 없는 것처럼 써버린 아들에 관한 이야기(눅 15:11~32)를 자녀에게 읽어준다(어린 자녀에게는 쉽게 이야기 해주거나 이야기 성경책에서 읽어주는 것이 더 좋다). 이 이야기 속에서 잘못된 지출의 세 가지 점을 찾아본다.

1. 우리는 돈으로 살 수 있는 것을 위해서가 아니라 하나님의 청지기로서 살아야 한다.
2. 돈을 쓰는 방식은 자신에 대한 여러 가지를 드러내는 것이다. "보물이 있는 곳에 마음도 있다." 우리는 돈을 좋은 일에 써야 한다.
3. 돈을 현명하게 사용해야 미래를 위한 계획을 세울 수 있다. 미래를 위해 현재를 헌신하라.

어리석은 낭비자였던 그 아들은 아버지가 원하시는 것을 하기를 원하지 않았다. 그는 단지 돈만을 원했고 그것으로 살 수 있는 물건을 원했다. 그 어리석은 낭비자는 돈을 세속적인 것을 위해 사용했는 데 그것은 그가 하나님을 신뢰하지 않았음을 더욱 증명해 주는 것이었다. 하나님을 신뢰했다면 하나님께서 하라고 하신 것을 했을 것이다. 반대로 그는 돈을 마음대로 썼고 미래를 위해 아무 것도 남겨놓지 못했다.

하나님께서는 우리가 하나님을 신뢰하고 순종하며 그의 돌보심을 즐겨 받기를 원하신다. 예수님께서는 하나님과 돈을 동시에 섬기지 못한다고 말씀하셨다. 왜냐하면 돈과 그것으로 살 수 있는 물건을 너무 갈망하게 되면 그것을 하나님대신 첫번째 중요한 것으로 두게 되기 때문이다. 하나님께 순종하고 그의 원리를 따를 때 하나님을 신뢰함을 증명할 수 있다. 그래서 현재를 헌신하고 돈을 지혜롭게 쓰며 저축을 하는 것이 하나님을 신뢰함을 증명하는 것이 된다.

신앙 이야기

자녀에게 당신이 어리석게 돈을 쓰고 싶었으나 바르게 선택했던 경우를 이야기해 주고 그 결말이 어떻게 되었는지를 말해 주라. 아니면 당신이 잘못된 선택을 했던 경험과 그것으로부터 배운 교훈에 대해서 말해 주라.

암송 구절

"다 없이한 후 그 나라에 크게 흉년이 들어 저가 비로서 궁핍한지라" (눅 15:14).

정의

지출이 저축의 정반대는 아니다. 그것은 소득의 반대이다. 돈은 교환의 수단이다. 우리는 돈을 벌고 돈을 쓴다. 들어오고 나가는 것이다. 저축은 지출할 수 있는 것 중 일부를 다른 때를 위해 보관해 두는 것이다.

돈을 쓰는 것이 잘못된 것은 아니다. 단지 쓰는 방식에 있어서 지혜로운 청지기가 될 필요가 있다. 결국 우리는 우리가 번 돈 모두를 쓰게 됨으로, 어떻게 써야 하는지를 아는 것이 중요하다. 지출에 대한 세 가지 일반 규칙이 있다.

1. 원하는 것들 중 어떤 것은 꼭 살 필요가 없는 것일 때가 많다. 하나님의 지혜를 따라 필요와 욕구, 욕망간의 차이에 관해 배울 필요가 있다.
2. 돈을 쓸 때는 지혜롭게 써야 한다. 이것은 주님께서 승낙하신 것에 돈을 쓰며 좋은 가치(좋은 가격에 좋은 상품)를 얻을 수 있도록 구매하는 것을 말한다.

3. 우리가 가진 모든 것을 당장 다 써버리지 않아야 한다. 얼마를 쓸 것인지 계획하고 그 계획에 따른다.

요령

1. 소비는 잘못된 것이고 저축은 옳은 것이라는 생각을 자녀에게 심어 줘서는 안 된다. 저축은 단지 연기된 소비이다. 심지어 자선도 다른 사람을 위해 돈을 쓰는 것이다. 따라서 어리석은 소비를 지양하게 하고 현명한 소비를 가르치며 격려하는 것이 목표가 되어야 한다.

2. 부모가 자녀를 위해 지출하는 것과 그들이 자신을 위해 지출하는 돈을 명확히 구분하는 것이 필요하다. 그렇지 않으면 돈을 다 써버리고 부모에게 와서 자신이 원하는 것에 지출을 해달라고 할 것이다(돈이 떨어지면 그것을 보충해 주지 말아야 한다).

그 구분을 위한 쉬운 방법은 다음과 같다. 그들 자신이 하고 싶은 것은 자신의 돈으로 사도록 한다. 부모가 그들을 위해 있어야겠다고 생각하는 것은 부모가 돈을 낸다. 예를 들어 "사주실 수 있어요?" "이것을 갖고 싶은데…" 혹은 "사주시겠어요?"라는 말을 들으면 다음과 같이 대답한다. "그것을 원하면 네 돈으로 살 수 있어. 만일 돈이 충분치 않으면 돈이 모아질 때까지 기다려라. 아주 큰 품목이면 저축예산에 포함시켜서 저축을 시작하여라." 아이들이 이것을 명확히 이해하게 되면 그리고 부모가 일관성 있게 행동하면 자녀의 요구는 감소하게 된다.

주의 : 이러한 규칙은 쇼핑을 나갔을 때 갑작스런 요청, 충동적 요구에 주로 적용된다. 집에서 자녀가 필요로 하고 갖고 싶어하는 것에 대한 균형 잡힌 대화를 막으려는 것은 아니다.

쇼핑하는 동안의 충동적 요구를 피하기 위해서 집을 떠나기 전에 무엇을 사려하는지, 어떤 손님을 대접해야 하는지 등을 자녀에게 미리 말해 줄 필요가 있다. 이것은 자녀에게 다음 두 가지 점을 알려주게 된다.
- a. 우리는 훈련받은 자이다. 우리는 지출을 계획하며 그 계획에 따른다 (자녀에게 "아니야. 여기에 온 목적은 그것을 사기 위해서가 아니야"라고 하면서 우리 자신이 충동적 구매를 할 수 없다. 우리는 일관성 있게 행동해야 한다).
- b. 자신을 위해서 무엇을 기대할 수 있는지, 무엇을 기대해서는 안 되는지를 알게 된다. 이렇게 되면 쇼핑 갈 때 자녀를 데리고 가기가 수월해진다. 그들은 무엇을 언제 기대해야 할지 알게 된다.

3. 유동성 있는 지침 내에서 자녀들이 그들의 지출예산을 원하는 대로 사용할 수 있도록 허용해야 한다. 이러한 지침은 각 가정마다 독특하지만 보통 영양이나 지출내용에 대한 배려를 포함한다. 예컨대 영양가가 없는 식품은 일 주일에 한 번만 살 것, 만화책을 사지 않을 것 등과 같은 규칙을 정할 수 있다. 지출을 통제하려는 것이 아니라 그들의 영양을 살피고 마음을 지키는 데 도움을 주기 위한 것이라는 것을 자녀에게 이해시켜야 한다. 또한 이것이 지출을 현명하게 하는 하나의 방법임을 알도록 한다. 예수님이 돈을 쓰실 만한 곳에 돈을 지출하도록 하는 방법인 것이다.

4. 자녀에게 필요, 욕구, 욕망간의 차이에 대해 가르치라. 이 세 단어는 어떤 것이 현명한 구매인지 아닌지, 구매를 위해 얼마를 지출해야 하는지를 결정하는 데 도움을 준다. 예를 들어 스노우보드는 욕망에 해당할 것이다.

기본적인 옷은 필요이다. 그러나 어떤 옷은 필요로부터 욕망에까지 해당될 수 있다. 당신의 자녀는 좋은 품질에 잘 어울리는 청바지를 필요로 할 수 있을 것이다. 그러나 그는 좀더 비싸고 유명하며 디자인이 좋은 청바지를 갖고 싶은 욕구를 가질 수 있다. 아니면 정말 비싼 명품브랜드 옷에 대한 욕망을 가질 수도 있다.

우리는 자녀가 어떻게 균형을 취할지 깨닫도록 도울 필요가 있다. 만일 그 비싼 브랜드의 청바지가 그들에게 정말 중요하다면, 그 돈을 저축하고 대신 다른 데는 지출하지 않겠다고 약속할 때 허락할 수 있다.

자녀로 하여금 자신의 기본적인 옷을 사도록 하는 것은 예산수립의 좋은 동기를 제공하지 못한다. 자녀 옷을 사기 위한 예산계획을 알려주고 그들의 도움을 받아 지출하는 것이 좋다. 그 돈을 다 쓰면 그들이 원하는 더 이상의 것은 그들 자신이 사야 한다는 것을 명확히 할 필요가 있다.

요주의 : 우리는 모양과 외모가 중요시되는 사회에 살고 있다. 이것을 강조할 필요는 없지만 자녀를 위해서 때로는 "로마에서는 로마의 법을 따라야 한다"는 격언을 상기할 필요가 있다. 바울은 우리가 믿음 때문에 박해받을 것이라고 말했지만, 옷은 자녀의 자아상에 관계될 뿐 아니라 옷 때문에 박해받는 것은 복음에 방해가 될 뿐이다. 너무 많이 절약해서 자녀를 화나게 하지 않고도 지혜롭게 절제하도록 자녀를 가르칠 수 있다.

5. 자녀와 쇼핑할 때 구매과정을 설명해 준다. 가격과 품질을 어떻게 비교하는지를 보여준다. 구매지침을 알려 주고 그 지침 내에서 선택을 하도록 도와준다.

그들을 위한 것이거나 그들에게 영향을 주는 물건을 살 때 예산과 목표를 알려줄 수 있다. 예를 들어 "이 달 예산으로 새 테니스 신발을 살 수 있다. 예산은 30달러이다. 내 목표는 다음 몇 주 동안 세일하는 것 중에 네가 원하는 신발을 사는 것이다"라고 말하고, 그들을 참여시켜 의견을 내놓도록 하고 세일을 찾아보도록 한다. 중요한 것은 그들이 부모를 설득하려 할 때, 그 내용이 매우 설득력이 있어도 원래의 지침을 벗어나지 않아야 한다는 것이다.

6. 자녀가 자신의 돈을 사용할 때 현명한 구매과정을 거치는지 확인해 보라. 그들과 그 과정을 함께 해보거나 현명한 구매자 강령을 가르친다.

"지칠 때까지 쇼핑은 해도 돈을 끝까지 지출하지는 말라." 즉 정보를 찾고, 비교하고, 모으라는 것이다. 지혜를 위해 기도하고 가장 좋은 구매대안을 찾을 수 있도록 도우라. 정보탐색을 다하고도 만족스러우면 그것을 사라.

7. 자녀를 잘못된 구매나 과지출로부터 구해줘서는 안 된다. 그 문제를 현재 그리고 미래에 어떻게 해결하면 되는지 가르쳐 주되 그들 자신이 결정한 결과를 직접 경험하게 하라.

8. 자녀에게 그들이 가진 것에 대해 책임을 지도록 가르쳐라. 좋은 청지기가 된다는 것은 구매결정으로 끝나는 것은 아니다. 소유물에 대한 적절한 관리로까지 이어지는 것이다. 자녀가 물건을 자주 잃어버린다면 처음에는 다시 사 주더라도 다음 번에는 그들이 다시 사야 할 것이라고 설명을 해준다.

9. 자녀가 지출을 하려하지 않고 단지 저축하기만 원한다면 그들이 그 이상 나아가도록 도와줄 필요가 있다. 과도하게 저축하는 사람을 검소하다고 칭찬하지 않도록 주의해야 한다. 재정에 있어서 어떤 불균형도 잘못된 것이다. 당신은 행복한 과저축자가 지출계획을 세우도록 돕고 그것에 지출하도록 주의깊게 살펴보아야 할 것이다. 과지출자를 그의 계획이상으로 지출하지 않도록 돕는 것과 마찬가지 방법으로 말이다.

활동

"하루를 위한 구매" 놀이

자녀에게 15,000원을 주고 계획을 세워서 하루를 지낼 수 있는 식품을 사도록 한다. 다음 규칙과 같은 쇼핑치침을 주도록 하라.

· 중요한 식품만 산다. 조미료, 양념과 같은 것들은 현재 있는 것에서

사용할 수 있다.
- 세 끼의 식사를 위한 재료를 준비해야만 한다.
- 식사는 가족이 먹을 수 있는 평상시의 음식으로 한다.
- 과일, 고기, 채소, 빵, 유제품 등을 그 하루의 계획에 포함해야 한다.
- 이상의 필수품을 다 사고 남은 돈으로 원하는 디저트를 살 수 있다.

이러한 지침은 자녀가 식사준비를 위해 지혜롭고 현명하게 계획하고 구매할 수 있게 하기 위한 것이다. 이 게임은 6~10세 자녀와 할 수 있는데 그것을 해낼 수 있도록 이끌어 주라.

더 어린 자녀들과는 "1,000원으로 구할 수 있는 가장 좋은 음식 찾아보기" 게임을 할 수 있다.

일 주일을 위한 구매

좀 큰 자녀라면 돈을 주고 식사계획을 짜게 한 다음 예산 내에서 식품을 사도록 하는 활동이 좋다. 주간 식단표를 이용하여 계획을 짜도록 도움을 준다.

지침

자녀에게 돈을 현명하게 쓰는 법을 가르치고 나면 그 원리들을 다른 결정 과정에도 이용하도록 도울 수 있다.

1. 이것은 하나님께서 원하시는 것인가 아니면 내가 원하는 것을 추구하느라 우선 순위가 뒤바뀐 것인가?
2. 이 결정은 옳고 하나님 편에 선 것인가?
3. 이 결정은 나의 미래에 긍정적 영향을 줄 것인가 혹은 부정적인 영향

주간 식단표

	일요일	월요일	화요일	수요일	목요일	금요일	토요일
아침							
예상 비용							
점심							
예상 비용							
저녁							
예상 비용							

을 줄 것인가?

부채와 신용

가훈
"저축해서 사라. 사기 위해 빌리지 말라. 이것이 비극을 피하는 비결이다."

성경 이야기
열왕기하 4장 1~7절에 있는 이야기를 읽어 준 다음 이 하나님의 사람이 죽었을 때 갚지 못했던 빚이 있었음을 지적해 주라. 그 결과는 무엇이었던가? 채권자들은 그의 아들들을 노예로 데리고 가려 했다. 빚을 진다는 것은 미래가 어떠하리라는 것, 즉 미래의 소득으로 빚을 갚을 수 있음을 안다는 것을 전제로 한다. 이 사람은 죽었을 때 마이너스 돈을 남겼다. 그 돈을 그가 가져간 셈이 되었다. 그는 자신이 살아 있을 때 벌었던 것보다 더 많이 지출했던 것이다.

하나님의 말씀 중에서 가장 오해받고 왜곡된 원리들 중의 하나가 아마도 신용, 즉 돈을 빌리는 것과 빌려주는 것에 관한 것이다. 많은 그리스도인들은 절대 돈을 빌려서는 안 된다고 믿고 있다. 사실 그들은 하나님의 말씀 중에서 그러한 해석을 가능하게 하는 개별적인 성구를 뽑은 것이다. 또 어떤 그리스도인들은 세상 사람들과 다름없이 살아간다. 그래서 돈을 빌릴 뿐 아니라 과도하게 빌린다.

하나님께서는 신용을 금하지 않으셨다. 그는 단순히 신용을 어떻게 사용할 지에 대해 매우 명확한 지침을 주셨다. 거기에는 세 가지 원리가 있는데, 첫째는 신용이 하나님의 사람들에게 결코 일상적인 것이 되어서는 안 된다는 것이다. 둘째, 신용은 장기적이 되면 안 된다. 셋째는 보증(갚을 특별한 방도가 없이 책임을 지는 행위)을 서지 말라는 것이다.

이런 규칙과 그 규칙에 대한 예외를 정확한 순서에 따라 자녀에게 가르쳐라. 규칙은 "부채에 머물지 말라"이다. 여기에 몇 가지 예외가 있는데, 그 규칙에 집중하고 계획을 세워 나간다면 그런 예외들을 만나지 않을 것이다.

신앙 이야기
가족 공포이야기를 해 주라. 아, 그것은 가족 부채이야기이다.

암송 구절
"부자는 가난한 자를 주관하고 빚진 자는 채주의 종이 되느니라"(잠 22:7).

정의
부채란 우리가 가지고 있지 않은 돈을 쓰는 것이다. "부채를 내어 사는 것"은 실제로 "저축해서 사는 것"의 정반대이다. 부채로 무엇인가를 사게 되면, 그후부터 그것을 위해 저축하기 시작해야 한다. 저축할 때 은행에 돈을 맡겨서 이자를 얻는 대신에 그것을 빌린 대가로 이자를 물게 된다.

구매할 계획을 가지고 저축을 할 때는 하나님께서 여전히 주권을 가지고 계신다. "지금 사고, 나중에 갚자"라고 하는 것은 아직 벌지 않았거나 저축하지 않은 돈을 처분하는 것이다. 더욱 중요한 것은 하나님께서 아직 주시지 않았거나 무엇을 하도록 알려주시지 않은 돈을 처분한다는 것이다. 주인을 앞서 달려갈 때 어떻게 좋은 청지기가 될 수 있겠는가? 우리를 향한 하나님의 계획은 "만족을 연기하는 것"을 배우게 하는 것이다. 이것은 우리가 어떤 것을 사기 위해 돈을 다 저축할 때까지 기다리는 것을 배울 필요가 있다는 것이다.

신용은 어떤 사람이 우리를 신뢰하여 지금 사고 나중에 갚도록 할 때 이용되는 것이다. 신용카드를 갖고 있다면 신용카드 회사는 우리에게 지금 사도록 하고(실제로 아무 것도 지불하지 않고) 그 달 말에 청구서를 보낼 것이다.

우리는 빚을 지지 않고 신용을 이용할 수 있다. 지출을 계획하고 원하는 것을 위해 저축하며 적절한 구매를 하면서 신용카드를 사용한다면, 청구서가 날라 올 때 그 대금을 갚아낼 수 있을 것이다. 이 방법이 이자를 물지 않고, 또 하나님께서 아직 주시지 않은 돈을 쓰지 않고 신용을 사용할 수 있는 방법이다.

신용제공자는 돈을 빌려주기 전에 세 가지 중요한 질문을 한다. 당신은 믿을만합니까? 당신의 소득은 빌린 돈을 지불할 만큼 충분합니까? 당신의 소득은 그 지불을 계속 해나갈 만큼 안정되고 안전합니까? 재미있는 것은 이러한 질문들이 하나로 요약된다는 것이다. 즉, 은행은 "당신이 예산을 세우고 저축해서 그것을 살 수 있는가?" 하는 것을 알고 싶어한다.

요령

1. 자녀에게 신용카드를 가지도록 허락하고 사용법을 가르칠 것을 권고한다(이를 위한 가장 **빠른** 시기는 그들이 얼마간 10대 예산을 이용하고 모든 요소들을 잘 다룰 수 있을 때이다). 시행 전에 어떤 규칙을 세우고 논의할 필요가 있다. 우리와 자녀가 미리 그 규칙들에 동의해야(그것들을 글로 써도 좋다고 말할 정도로) 그 규칙을 지키라고 요구할 때 자녀

들이 이해할 것이다. 규칙 c 를 약화시키지 않는 것이 중요하다.

    a. 예산에 있는 항목을 위해서만 신용카드를 사용한다.
    b. 매월 말에 신용카드 대금을 지불한다.
    c. 제때 대금을 지불할 수 없다면 곧바로 신용카드를 잘라버린다.

  2. 자녀가 청지기 관점에서 부채를 이해할 수 있도록 도와야 한다. 그 규칙만 주고 내버려두어서는 안 된다. 규칙의 당위성과 주재자의 인식으로까지 연결시키기를 원한다.

  3. 빌리는 것은 지킬 수 있을지 알지 못하는 어떤 것에 자신을 위임하는 것이다. 미래가 어떠하리라고 누가 알겠는가? 저축하는 것은 우리의 생각과 의도에 따라 행동하는 것이며, 하나님께 그것을 변경하실 여지를 드리는 것이다. 원하는 것을 살 돈이 없어도 하나님을 신뢰한다면 돈을 빌리지 않을 것이다. 왜냐하면 하나님께서 우리가 그것을 갖기를 원하시지 않는다는 표시로 받아들일 것이기 때문이다. 하나님께서는 우리를 위해 다른 더 좋은 생각을 가지고 계실 것이다.

  4. 빌리지 말아야 할 다른 실제적인 이유들로서 자녀에게 말해 주어야 할 것은 다음과 같다.

  미국의 평균적인 가족은 연간 7천 달러의 이자를 지불한다. 10년 간의 구매력으로 볼 때 그것은 15만 달러의 가치가 있다. 평생동안의 가치는 얼마가 될지 상상해 보라!

  성경에서 말하기를 채무자는 채권자의 종이라 한다. 청지기라면 한 주인만 있어야 한다. 의무에 얽매이게 하는 부채를 지게 되면 하나님께서 우리에게 하기를 원하시는 것이 제한될 것이다.

  하나님께서는 우리를 사랑하시고 우리에게 가장 좋은 것을 원하시기 때문에 부채를 피하라고 충고하신다.

　5. 자녀에게 돈을 조금씩 모으고 그 꾸준한 성장에 고무되도록 가르쳐서 뜻밖의 일이 없도록 하라. 아이들이 어릴 때 당신이 그들의 빚보증을 서지 않을 것임을 알도록 하라(불행하게도 젊은이들을 빚 가운데로 빠지게 하는 것은 대개 보증을 서달라는 요청에 응하는 부모들이다). 미리 계획하고 저축하며 그 자신의 예산과 수단 내에서 현명하게 지출하도록 가르친다면 결코 그러한 지경까지 이르지 않을 것이다. 자녀들이 이러한 문제에 봉착하게 된다면 다른 방법을 찾도록 도와야 한다.

　자녀의 재정을 옭아매며 신용사용의 나쁜 습관을 갖게 할 그 어떤 것에도 응하지 말라. 그것이 긴급하고 매우 중요한 것이라면 기도하라. 하나님께서는 당신이 그것을 자녀에게 주기를 원하실 수도 있다(현금을 줄 능력이 안되면 보증을 고려하지 말라. 그것은 하나님의 원리에 반하는 것이다).

　6. 자녀가 친구에게 돈을 빌려주는 것에 대하여 주의를 주라. 그들이 어릴 때부터 하나님의 재정원리를 따르게 되면 어른이 되어 좋은 신용과 자산, 저축을 갖게 될 것이며 부채는 없을 것이다. 이는 재정적 어려움이 있는 사람들이 도움을 요청할 이상적인 후보자가 되는 것을 의미한다. 빌려주는 것에 대해서 다음 원리들을 지키도록 가르치라.

　돌려 받을 것을 기대하지 않고 기꺼이 빌려주거나 그냥 주도록 한다. 기도가 필수적이다. 왜냐하면 때로 그들이 빌려줘야 하는가에 대한 답이 "아니오"일 수 있기 때문이다. 이것은 그들이 가능하지 않기 때문이기도 하고, 또는 그들의 친구가 잘못된 결정의 결과들에 직면할 필요가 있기 때문이기도 하다. 우리 자녀는 성경이 돈 관리에 대해서 무엇을 말하고 있는지에 관해 다른 사람들이 알도록 상담할 준비가 되어 있어야 한다. 어떤 때 하나님은 단지 주기를 원하시고, 또 어떤 때는 빌려주기를 원하신다.

그리스도인 형제나 가족구성원에게는 이자를 부과하지 않아야 한다.

빌려줄 때 그 돈을 준 것으로 여기고 다시 그것에 대해 염려하지 말아야 한다. 이는 빌려줄 때 그 돈을 선물로 줄 수 있는 여유가 있어야 한다는 것을 의미한다.

결코 보증을 서면 안 된다(이에 대한 유일한 예외가 될 수 있는 것은 친구가 망했을 때 그 부채를 대신 갚아줄 만큼 돈이 있고, 또 갚아줄 수 있을 때이다. 이런 경우 빌려주거나 아니면 그냥 주어라).

활동

부채와의 전쟁

1. 가족 스크랩북을 만들라. 가족 모두가 참여하도록 한다. 성경 이야기, 암송 구절, 정의를 읽고 나서 부채와 신용에 대하여 열린 토론을 하라. 비싸지 않은 큰 스크랩북과 평상시 쓰는 문구류들을 준비하라(펜, 오래된 잡지, 신문, 이 책에서 부채와 신용에 관한 정보를 담고 있는 부분의 복사본, 통계치, 풀 등). 스크랩북의 제목을 "부채와의 전쟁"이라 붙여라. 다음은 스크랩북의 내용에 대한 몇 가지 아이디어이다.

"성경에서 말하는 것"이라는 제목 하에 기록한 부채에 관한 성경구절. 사용할 수 있는 예는 시편 37:21, 잠언 22:7, 누가복음 6:34~35, 로마서 13:8 등이다.

- 부채에 관한 신문 기사.
- 이 책에서의 인용구문과 복사본.
- 빚을 내서 구매하도록 사람들을 설득하는 잡지, 신문 광고.
- 국가의 부채, 파산, 기타 부채관련 주제에 대한 기사.

- 자녀가 부채와 관련된 신앙 경험에 대해 당신(혹은 그들이 아는 다른 사람)을 인터뷰한 기사.

스크랩북의 끝장에 "부채에 대항하는 군인들"이라는 제목을 만들고, 가족 모두가 서명을 한다. 가족 사진을 붙여도 된다. 이것이 당신의 부채 대항군대인 것이다.

계속 자료를 모아 스크랩북을 채워 넣는다.

한 주일 동안 스크랩북을 위한 가장 좋은 자료를 가져온 가족원에게 현금을 선물로 준다. 이 활동은 일이 많은 것처럼 보이지만 자녀들이 재미있게 배우고 그 정보를 내면화시키며 오래 기억하게 할 것이다.

2. 래리 버켓의 금전문제(보드 게임), 그리스도인의 재정개념 게임을 할 수 있다. 이 게임은 재정적인 주제에 관해 토론을 할 수 있는 이상적인 방법이다. 당신의 가족은 다음에 관해 재미있게 배우게 될 것이다.

- 청지기정신
- 얼마의 돈이든 어떻게 관리하는가 하는 문제
- 부채로부터 벗어나는 법.
- 부채를 얻지 않는 법.
- 저축
- 구제
- 예산

신용기록

자녀로 하여금 정기적인 지출을 감당하게 하고 신용기록(부채상환에 대한 기록)을 시작하게 하는 것은 좋은 생각이다. 이것은 후에 이들이 정기적인 청구서에 대해 지불하거나 주택이나 승용차와 같은 값비싼 물건 구매를 위해 대출을 하려 할 때 도움을 주게 될 것이다. 진행과정은 다음과 같다.

  1. 자녀에게 돈을 빌려서라도 구매하고 싶은 물건의 목록을 작성하도록 한다. 그 목록 중에서 가장 원하는 것을 선택하도록 한다.

  2. 물건이 정해지면 이자, 주당 혹은 월 상환금, 상환금을 내지 못했을 때의 벌칙 등을 나타내는 계약서를 작성한다.

  3. 자녀가 빌린 것을 다 갚으면 그가 다 갚았다는 것을 증명해 주는 "신용기록장"을 써준다.

  자녀가 이러한 대출의 세계를 경험하고 나면 다음 문제에 대해 토의해 보라.

- 그것을 할만한 가치가 있었는가?
- 그 물건의 실제가격보다 결국 얼마나 더 많이 지불했는가?
- 어떤 것이 더 나은 선택인가? 대출인가, 아니면 저축인가?

지침

  하나님의 방법대로 사는 사람들—여분의 재산을 모으고 흑자를 저축하는 사람들—은 다른 사람들을 돕고 구제하기 위해 자신을 준비한다. 가진 것을 모두 쓰고 늘 부채를 지게 되는 사람은 자신이 가진 자원을 소비하고 나서 그 이상을 구한다. 이러한 사람들은 모든 것을 자신을 위해 쓰기 때문에 구제를 할 수가 없다.

  부채와 신용관리 뒤에 있는 원리들은 자녀들이 눈을 자신에게서 하나님께로, 복음에로, 다른 사람에게로 돌리도록 가르치는 데 도움이 된다. 이 원리를 위한 활동은 대단히 중요하다. 왜냐하면 부채관리보다 흑자에 머물도록 가르치는 것은 단지 자신들 외에 다른 사람들을 위한 결정을 하는 능력을 자녀들에게 길러주기 때문이다.

실제의 재무영역에서 이 원리를 가르치는 것은 우리 자녀가 자기중심적인 획득자가 되는 대신 친구관계나 결혼관계에서, 또한 그들의 자녀, 교회, 고용주, 지역사회에 대하여(나이가 들면 부모에게도) 주는 자가 되도록 만드는 좋은 기회가 된다.

가지고 있는 자원을 인심 좋게 주는 것과 하나님의 지혜와 인도하심을 구하는 것과의 균형에 대한 가르침은 이 영역에도 적용될 수 있다. 그래서 자녀가 성인이 될 때 마땅히 해야하는 것 이상으로 나눠줌으로써 탈진하지 않도록 해야 한다(탈진은 다른 말로 하면 시간과 에너지를 빚지는 것이다).

결론

우리는 12가지의 원리와 이를 가르치는 실제적인 방법들을 다루었다. 한 달에 한가지씩 초점을 맞추기를 권고한다. 이 모든 가르침을 다 다루려면 일년은 걸릴 것이다. 이렇게 하면 이 원리들을 든든한 기초로 세우게 될 것이다. 물론 이 훈련은 이미 가르친 지식을 바탕으로 자녀가 자람에 따라 다음 해에도 반복할 수 있다.

재무영역에서의 부모역할은 자녀의 삶의 모든 영역과 남은 생애를 하나님의 기본 원리들을 토대로 준비시키는 데 도움을 준다. "마땅히 행할 길을 아이에게 가르치라 그리하면 늙어도 그것을 떠나지 아니하리라"(잠 22:6).

우리는 전에 언급했던 것을 여기에 첨가하고자 한다. 잠언서는 율법서

```
┌─────────────────────────────────────────────┐
│                                             │
│      _____ 와 _____ 의 계약서      │
│                                             │
│        빌린 금액 :                           │
│                                             │
│        이자율 :                              │
│                                             │
│        월/주 상환액 :                        │
│                                             │
│        미지불시 벌칙 :                       │
│                                             │
│        서명 :                                │
│                                             │
│                   년        월        일     │
│                                             │
└─────────────────────────────────────────────┘
```

나 언약서가 아니고 원리에 관한 책이기 때문에 이 구절로부터 제안된 행동계획들은 원리에 일치하는 것이다. 그것이 법이라면 그대로 시행하면 된다. 약속이라면 그 약속을 만드신 분으로부터 성취를 기대할 수 있다. 그러나 그것은 원리이기 때문에 언급된 결과를 도출해 내기 위해 그 원리 뒤에 있는 과정 혹은 행동계획을 주의해서 지켜야만 한다.

그 과정 혹은 행동계획은 "자녀가 마땅히 가야 할 길을 가도록 훈련하는 것"이다. 그 길은 하나님의 말씀 속에 여러 번 반복되어 명확히 설명되어 있다. 우리는 자녀에게 성경이 무엇을 말하고 있는지 가르치고 그것을 그들의 삶에 적용하며 그대로 살아가도록 가르쳐야 한다.

이 5부가 그 과정 중에 있는 당신에게 실제적인 아이디어와 정보를 제공하여 도움을 주었으리라고 믿는다. 이제 우리 자녀세대에 관하여 대단히 중요한 몇 가지 정보를 제공하면서 이 책을 끝내고자 한다.

연습문제

1. 당신의 자녀는 가족을 공동체 개념으로 정확하게 이해하고 있는가? 용돈이나 보수에 대해서는 어떤 태도를 갖고 있는가? 만일 변화가 필요하다면 배우자와 기도하면서 그것에 대해 토의하라. 그리고 이러한 변화에 대해 자녀에게 설명해 주라.

_____

_____

2. 아이들은 어른이 하는 일과 생각을 몸으로 배운다. 재정분야에서 당신의 자녀가 당신으로부터 배운 것은 무엇인가? 당신은 어떻게 배우자와 자녀에게 신앙적인 만족의 본을 보일 수 있는가?

_____

_____

3. 자녀에게 당신이 좋아하는 일이 아니었지만 성실히 그리고 잘 수행했던 일의 예를 들어 주라.

_____

_____

4. 10장의 장기재무계획에 대한 제안을 재검토해 보라. 이러한 제안들을 어떻게 수행할 지에 대해 자녀와 토론할 수 있는 날짜와 시간을 정하라. 당신의 계획에 자녀가 기여하도록 하라.

6부

마무리

12장 하나님의 군사로 부르심

"예수께서 모든 성과 촌에 두루 다니사 저희 회당에서 가르치시며 천국 복음을 전파하시며 모든 병과 모든 약한 것을 고치시니라. 무리를 보시고 민망히 여기시니 이는 저희가 목자 없는 양과 같이 고생하며 유리함이라. 이에 제자들에게 이르시되 추수할 것은 많되 일꾼은 적으니 그러므로 추수하는 주인에게 청하여 추수할 일군들을 보내어 주소서 하라 하시니라"(마 9:35~38).

예수님께서 "수확이 풍성하다"고 하실 때 신약시대에 지구에 살고 있는 일반적인 사람들의 모습에 대해 말씀하신 것인가? 부분적으로 그 말도 맞겠지만, 36~37절을 보자. "무리를 보시고 민망히 여기시니 이는 **저희가 목자 없는 양과 같이 고생하며 유리함**이라. 이에 제자들에게 이르시되 추수할 것은 많되 일군은 적으니"(강조는 첨가한 것임). 예수님은 특별히 그가 가르치고 있었던 군중들과 그들의 영적 상태에 대해 측은히 여기셨다.

얼마 지나지 않아 예수님의 복음과 그가 행한 일들에 반응한 많은 사람들로 인하여 신약 교회가 폭발적으로 발전하였다. 결국 사도행전은 그 사람들이 세상을 뒤바꿔 놓았다고 기록하였다.

하나님께서는 예수님의 때맞춘 현시를 위해 세상을 준비하셨다. 그리스어가 국제언어가 되어 개화된 세상에 있는 모든 사람들은 그것을 말하도록 되어 있었다. 로마제국의 지배로 넓은 지역에 평화가 오게 되었고, 그것은 여행과 상거래를 쉽게 만들었다. 로마의 길과 뱃길 또한 역사의 어느 다른 시기보다 여행을 쉽게 만들었다. 하나님께서는 예수님을 적시에 보내셨다. 하나님께서는 그의 교회를 세우시기 위해, 모든 세상에 복음전파를 할 수 있기 위해 모든 것을 준비하셨다.

하나님께서는 통신과 교통만을 준비하신 것은 아니었다. 그는 사람들의 마음을 준비하셨다.

로마제국은 쾌락의 시대였다. 예수님의 시대에 예루살렘은 건축과 문화의 전성기에 있었다. 헤롯왕은 성전을 재건축했다. 궁전과 성벽과 오락을 위한 대형극장과 스타디움도 건설했다. 예수님이 사역하시는 동안 로마는 쇠퇴하고 있었다.

한 제국의 마지막 시대에 두 가지 특징이 확연하게 드러났다. 하나는 내일은 죽을 것이니 오늘 먹고 마시고 즐기자는 소망 없는 태도였고 다른 하나는 일부에서 나타난 영적 각성이었다. 예수님은 세상이 어떤 단계에 있는지 아셨다. 그는 A.D. 70년의 예루살렘 멸망을 예언하셨다. 그가 사람들을 바라보셨을 때 그들에게 소망이 없음을 아셨다. "목자 없는 양과 같이 고생하며 유리하였다." 그는 그들이 영적 각성, 성령님의 운행, 신약 교회의 설립에 대해 준비되었다는 것을 아셨다. "추수할 것은 많았다."

하나님께서는 그 시기를 로마제국 말기로 정하셨다. 왜냐하면 탕자처럼 한 국가, 제국, 한 시대의 사람들도 그들의 힘과 소망이 쇠진해질 때 비로소 보다 나은 것에 대한 소망을 갖게 되기 때문이다. 하나님께서는 시기를 정하시고 지구, 통신, 교통을 준비하셨을 뿐 아니라 한 세대의 마음을 준비하셨다.

오늘날 우리는 어디에 와 있는가? 이제 막 일자리로 나아가는 세대의 마음과 이 시기에 양육되고 있는 세대의 마음에는 무엇이 있는가? 앞에서도 지적했듯이 우리 시대는 예수님 당시의 로마제국과 같은 단계에 와 있다. 즉 쇠퇴의 마지막 단계인 쾌락시대에 와 있다.

현재 성장하는 세대는 예수님께서 "목자 없는 양과 같이 고생하며 유리한다"라고 하셨던 군중과 너무나 흡사하다. 오늘날 우리가 처해진 세상 역사의 단계는 예수님 시대의 단계와 일치한다. 그래서 이 세대의 마음 상태도 예수님께서 보시고 긍휼히 여기셨던 사람들의 마음 상태와 일치한다.

오늘날 우리 사회와 교회에서 사람들은 경보를 울리기 시작했다.

· 예수님을 영접한 사람의 85%가 18세 이전에 예수님을 영접했다.
· 2000년까지 세계 인구의 50%이상이 18세 미만이 될 것이다.

천재가 아니더라도 어디에 우리의 시간을 써야 할 지 알 수 있다. 우리는 예수님의 시대와 같은 제국의 시대에 성장하고 있는 거대한 세대, 예수님께서 "목자 없는 양과 같이 고생하며 유리한다"라고 규정하셨던 영적 상태를 지닌 인간들에게 시간을 써야만 한다. 그러나 북미에서 교회에 나가는 젊은이의 30%만이 그들이 고등학교를 졸업할 때까지 신앙을 지키고 있다.

우리의 의도는 낙담케 하려는 것이 아니라 용기를 주려는 것이다. 하나님께서는 일하고 계시며 이 세대의 일부의 마음을 준비하고 계신다. 역사의 현 시점에 있는 이 세대는 하나님 외에는 그 무엇도 기대할 수 없는 곳으로 가고 있는데, 동시에 하나님은 젊은 세대가 분발하여 준비되도록 예비하고 계신다. 하나님은 그들의 동료인 "X세대"에게 다다르도록 아이들의 마음을 준비하고 계신다.

하나님께서 다음에 하실 일의 무대를 마련하기 위해, 우리 그리스도인 부모와 지도자들은 추수를 준비할 필요가 있다. 왜냐하면 또 한 번 그것은 풍성할 것이기 때문이다. 우리는 자녀와 청소년과 함께 일하며 그들을 다음 세대의 지도자로 준비시킬 필요가 있다. 그들의 삶이 성경적 진리에 토대를 둔다면 그들은 그들의 동료처럼 정신을 잃지는 않을 것이다. 그들은 추수를 수확할 수 있도록 준비될 것이다.

이것은 자녀들을 모두 선교사나 목사, 복음전도자로 키워야만 하는 것을 의미하는가? 아니다! 그것은 하나님의 원리를 이해하고 그에 따라 사는 하나님의 아들, 딸들로 길러야 한다는 것을 의미한다.

우리는 그들이 소망 없는 세대에 손을 뻗쳐 소망을 주는 일을 하는 하나의 집단을 형성하도록 도와야 한다. 그들의 삶이 미래세대의 눈앞의 환상을 좇는 사조 대신 하나님의 영원한 원리에 기초하게 된다면 그들은 이 일을 할 수 있을 것이다.

우리 자녀의 현재의 재무 IQ는 그들의 영적 상태를 반영한다. 마치 탕자의 지출 습관이 그의 영적 상태를 나타냈던 것과 마찬가지로 말이다. 재무교육에만 매달리지 말자. 그 뿌리로 들어가서 재무의 주제를 이용하여 자녀에게 하나님을 가르치고 그의 원리 위에 자녀들의 삶이 세워지도록 하자.

이것은 군사로의 부르심이다! 자녀들을 하나님의 군사로 불러들이는 소명인 것이다!

예수님께서 다음과 같이 말씀하셨다. "내게 나아와 내 말을 듣고 행하는 자마다 누구와 같은 것을 너희에게 보이리라. 집을 짓되 깊이 파고 주초를 반석 위에 놓은 사람과 같으니 큰 물이 나서 탁류가 그 집에 부딪히되 잘 지은 연고로 능히 요동케 못하였거니와 듣고 행치 아니하는 자는 주초 없이 흙 위에 집 지은 사람과 같으니 탁류가 부딪히매 집이 곧 무너져 파괴됨이 심하니라 하시니라"(눅 6:47~49).

연습문제

1. 이 책의 정보가 재무문제에 대한 당신의 태도를 어떻게 변화시켰는가? 자녀에게는 어떤 점에서 도움이 되는가?

_____

_____

2. 당신의 새로운 접근이 재정을 제외하고 자녀의 삶의 어떤 다른 영역에 도움을 줄 수 있겠는가?

_____

_____

21세기는
바른 성경적 가치관 위에 실천적 삶을 살아가는
그리스도의 제자를 필요로 합니다!

■ DEW (사단법인 기독학술교육동역회)

DEW(Disciples with Evangelical Worldview, 사단법인 기독학술교육동역회)는 기독교적 이념에 따라 연구하고 교육할 수 있는 선진국 수준의 대학을 설립하여, 국가와 민족이 요구하는 유능하고 책임감 있는 지도자를 양성하고자 한다.

DEW란 '새벽이슬'이란 뜻을 내포하며, 복음주의적 세계관을 가진 주의 제자들, 주의 일꾼들을 세상 곳곳에 세운다는 의미를 지니고 있다.

본회는 우리 나라에 기독교적인 이념에 입각한 학문 연구를 활성화시키기 위하여 〈통합연구학회〉를 조직하여 학술 대회를 개최하고 학술지 「통합연구」 등을 발간하고 있으며, 성경적인 삶과 문화를 창출하기 위하여 세계관 적용 강의 및 훈련 활동을 지원함으로 교회 및 그리스도인을 돕는 사역을 하고 있다. 또한 문서 사역(도서출판 CUP, 월보 <DEW> 등)을 통하여 그리스도인의 영적 성숙 및 성경적인 삶의 적용에 도움을 주고자 한다.

지난 1997년부터 캐나다 밴쿠버에 기독교적 세계관과 학문 연구를 훈련할 수 있는 대학원인 VIEW를 설립, 운영하고 있다.

■ VIEW (기독교세계관대학원)

캐나다의 Trinity Western University와 공동으로 운영하는 VIEW는 우리 나라에 본격적인 기독교 대학을 세우기 위한 하나의 실험장이라 할 수 있다. 현재 VIEW에서는 기독교 세계관 문학석사(MACS) 과정과 기독교 세계관 디플로마 과정을 운영하고 있다.

VIEW의 목표
- 세상과 삶의 다양한 현안에 대한 성경적, 신학적 관점 개발
- 예수 그리스도의 모범을 따라 섬기는 종으로서의 리더십 배양
- 학문적, 직업적 영역에서 '왕같은 제사장'과 청지기 정신 함양

VIEW의 특징
- 성경적 조망 개발 : 성경, 신학, 리더십 및 기독교 세계관, 가정, 사회과학 영역에서의 성경적 조망
- 저렴한 학비 : 미국에 비해 학문적 수준에서 손색이 없으면서 학비는 절반 수준.
- 풍부한 자원 : TWU 도서관은 물론 Regent College, UBC, SFU 등 인근 대학의 도서관을 자유롭게 이용할 수 있다.
- ATS 학위 인정 : 최고의 권위를 자랑하는 ATS의 학위 인정을 받는 북미주의 표준적인 학위 과정이다.

- 지리적 요건 : 밴쿠버는 한국에서 가장 가까운 북미주 주요 도시 중 하나이며 기후가 온화하고 자연 경관이 수려한 세계적인 관광지이다.
- 학문과 교육공동체 : 다른 어떤 유학 생활에서도 경험하기 힘든 공동체적 따뜻함을 제공한다.
- 삶에 직결된 내용 : 신앙과 삶의 일치, 전공과 직업에 대한 성경적 조망 등 삶에 직결된 내용을 강의한다.

■DEW 및 VIEW에 대한 더 자세한 정보를 원하시면
(136-825) 서울특별시 성북구 성북1동 179-56 2층 DEW 사무실(☎.02-745-7237~8)로 연락 주시면 친절히 안내해 드립니다.
homepage: www.dew21.org ㅣ email: dew1981@kornet.net

■CUP에는 다음과 같은 편집자문위원들이 돕고 있습니다.

김건주(국제제자훈련원 출판디렉터), 김승태(예영커뮤니케이션 대표), 송광택(한국교회독서문화연구회 대표), 유정칠(경희대 생물학과 교수), 유진희(디자인 서울 대표), 임종원(번역가), 정동섭(VIEW 교수, 전 침신대 심리학과 교수), 조덕영(참기쁜교회 목사), 조신영(e-누리시스템즈 대표), 조주환(조호치과 원장), 허성식(번역가), 현은자(성균관대 아동학과 교수), Wesley Wentworth(문서선교인)